ÜBERMORGEN

EINE ZEITREISE IN UNSERE
DIGITALE ZUKUNFT

JÖRG EUGSTER

Impressum
© 2017 Jörg Eugster
3., überarbeitete und aktualisierte Auflage, März 2019

Text:	Jörg Eugster
Illustrationen:	Patrick Angst, Grafikdesign
Lektorat:	Martina Murer, m communications GmbH
Portrait-Foto:	Göran Lindholm, Lindholm Fotografie
Buchcover:	Stojan Mihajlov (über 99designs.com)
Layout, Druck und Bindung:	Marc Strebel, Zumsteg Druck AG, 5070 Frick www.buchmodul.ch
Papier:	gestrichen, samt, Vol. 1.1 (FSC mixed)
Verlag:	Midas Verlag AG, Dunantstrasse 3, CH-8044 Zürich, www.midas.ch
ISBN (print):	978-3-907100-73-8
ISBN (epub):	978-3-906010-73-1

Inhaltsverzeichnis

Einleitung und Vorwort	**9**
Was kann ich von diesem Buch erwarten?	**9**
1. Wir schreiben das Jahr 2030 – Unmittelbare Zukunft oder Science-Fiction?	**11**
«Du Opa ...»	11
Der Individualverkehr im Jahr 2030	13
Der öffentliche Nahverkehr im Jahr 2030	13
Shopping und einkaufen im Jahr 2030	17
Die Matrix (I)	21
Die Schule im Jahr 2030	23
Die Matrix (II)	25
2. Zukunftsmissionare – Glauben Sie nicht alles	**27**
Kann man die Zukunft voraussagen?	28
Visionäre wie Steve Jobs verändern die Welt	29
Was lässt sich voraussagen?	35
Zukunftsforschung versus Trendforschung	36
Leserexperiment «Hausarzt der Zukunft»	37
Der Hausarzt ist eine App in der Matrix	39
Das Leserexperiment funktioniert	40
Vorsicht vor selbst ernannten Zukunfts- und Trendforschern	43
Botschafter der digitalen Zukunft	44

3. Digitale Megatrends – Die Zeitreise hat begonnen — 45
«Du Opa ...» — 47
Internet of Things (IoT) — 49
Selbstfahrende Autos – Wie lange fahren Sie noch selber? — 52
3D-Drucker – Wann drucken Sie Ihr Essen selber? — 66
Die Roboter kommen — 75
Drohnen – Runter kommen sie immer — 84
Big Data – Zählen Sie noch oder handeln Sie schon? — 93
Künstliche Intelligenz – Kann Intelligenz künstlich sein? — 97
Spracherkennung – Sprechen Sie schon mit Ihrem Computer oder tippen Sie noch? — 107
Bots – Arbeiten Sie noch selber? — 110
Die Cloud – Wo in der Wolke ist Ihr Zuhause? — 118
Wearables – Meine Skibrille ist auch ein Fernsehgerät — 123
Augmented Reality – Wann erweitern Sie Ihre Wirklichkeit? — 132
Virtual Reality – In welcher Realität leben Sie? — 143
E-Commerce, quo vadis? – Wie kaufen wir in Zukunft ein? — 152

4. Den Umsatz von morgen machen die Andersdenkenden von heute — 167
Was ist Disruption? — 169
Die Disruption in der Verlagsbranche — 171
Wie schnell kommt «Ihre» Disruption? — 174
Die Disruption in der Bankbranche — 177
Wie geht es mit der Disruption weiter? — 194

5. Wann werden Sie weggeUBERt? — 199
Drei Geschichten aus dem Leben gegriffen — 199
Was ist Ihre persönliche Vision? — 207
Welche Jobs sind am meisten gefährdet? — 211

6. Der digitale Tsunami kommt – so oder so — 219
Wie digital ist Ihre Unternehmung in 5 Jahren? — 219
Wer nicht offen ist, kann nicht wirklich strategisch denken und handeln — 219
Haben Sie eine Digitalstrategie? — 221
Das wichtigste für jede Digitalstrategie – digitale Menschen — 222
Digital Leadership — 224
Elemente und Erfolgsfaktoren einer digitalen Strategie — 226
Alles eine Frage der Kultur — 236
Sind Ihre Geschäftsmodelle für die Digitalisierung zukunftstauglich? — 244
Zusammenfassung für den eiligen Leser — 257

7. Wir schreiben das Jahr 2050 – Das ist wirklich Science-Fiction — 259
Global Brain und Transhumanismus — 260
2050 — 261
Die Matrix, das Kollektivwesen — 263
«Du Opa ...» — 263

Was ist an diesem Buch anders? — 267

Autor — 269

Credits — 271

Einleitung und Vorwort

Wir stecken mitten in einer der grössten Veränderungen der Menschheit. Das Internet der Dinge oder die vierte industrielle Revolution sind heute für viele meist noch Schlagworte. Die digitale Transformation hat mittlerweile alle Branchen erfasst. Doch wie soll man agieren oder darauf reagieren? Kein Stein wird auf dem anderen bleiben.

In den nächsten Jahren werden wir uns noch mehr mit Themen wie 3D-Druckern, Drohnen und Robotern, selbstfahrenden Autos, Wearables, Augmented und Virtual Reality, Funkchips, Voice Recognition, Big Data und Artificial Intelligence auseinandersetzen (müssen).

Was kann ich von diesem Buch erwarten?

Dieses Buch richtet sich an alle, die sich einen umfassenden und nicht zu tiefen Einblick in die relevanten Themen der Digitalisierung verschaffen möchten.

Pflichtlektüre ist es für Aufsichts- und Verwaltungsräte, Vorstände und Geschäftsleitungsmitglieder von Firmen aller Grössen sowie alle Politiker, die sich mit der Digitalisierung beschäftigen möchten. Es richtet sich an alle Mitarbeitenden, die auf dem aktuellsten Stand der Digitalisierung sein wollen.

1. Wir schreiben das Jahr 2030 – Unmittelbare Zukunft oder Science-Fiction?

In diesem Kapitel

Lassen Sie sich bitte mit einer kurzen Geschichte gedanklich ins Jahr 2030 «beamen». Es soll Ihnen helfen, sich in Gedanken «barrierefrei» zu machen, damit Sie die weiteren Kapitel, die dann wieder im Fachbuchstil geschrieben wurden, möglichst offen und widerstandsfrei aufnehmen können.

Wenn Sie noch nicht alle Begriffe verstehen, macht das nichts, denn diese werden in den folgenden Kapiteln ausführlich behandelt.

«Du Opa ...»

«Luca, kommst du endlich, unser Taxi wartet schon auf uns!» – «Ja, Opa, ich komme gleich», ruft Luca aus seinem Zimmer. Luca eilt herbei und sie steigen einer nach dem andern ins Taxi ein. Das Taxi ist ein Self-Driving-Car, also ein selbstfahrendes Auto, das Opa vor wenigen Minuten bestellt hat. Die beiden wollen wieder einmal in die grosse Stadt. Da wir heute im Jahr 2030 alles, wirklich alles, online bestellen können, wollen sie mal wieder die vielen Showrooms besuchen. Es ist bald Weihnachten. Dabei möchten sie sich zu Weihnachtsgeschenken inspirieren lassen.

Das autonom fahrende Taxi nimmt seine Fahrt in Richtung grosser Stadt auf. In der Fahrgastzelle, die auch eine Matrix ist, wird schon ihre Ankunftszeit am Bestimmungsort angezeigt. Die Fahrt dauert bis zum grossen Parkhaus an der Stadtgrenze genau 43 Minuten. Opa ist von der neuen Technologie begeistert: «Es ist schon unglaublich, wie wir früher noch im Fahrplan recherchieren und dann rechtzeitig an der Haltestelle warten mussten. Jetzt bestellen wir einen Transport von A nach B, unabhängig davon, ob es eine Haltestelle oder einen Bahnhof gibt. Das System übernimmt alles von selber.» – «Ja, Opa, aber das ist doch ganz normal.» – «Nein, Luca, das war früher wirklich ganz anders», entgegnet Opa etwas nachdenklich.

«Wie gehts dir eigentlich in der Schule, Luca?» – «Ach, ganz gut. Ich mache gerade gute Fortschritte in Englisch.» – «Musst du denn in der heutigen Zeit noch Sprachen lernen, wo wir heute doch überall alles simultan übersetzt bekommen?», fragt Opa interessiert. «Ja sicher, Opa, Englisch hat sich ja als Weltsprache durchgesetzt. Die Simultanübersetzung ist schon gut und recht, aber nur dann, wenn du für eine kurze Zeit in ein Land reist. Dann lohnt sich das Lernen einer Fremdsprache nicht, höchstens die üblichen Sätze wie die Begrüssung oder Danke sagen.» – «Erzähl mir doch bitte, wie das in der Schule heute so abläuft.» – «Aber gerne, Opa. Am besten zeige ich dir, wie das heute mit den technischen Möglichkeiten abläuft. Geht dir morgen früh?» – «Ja klar.»

Mittlerweile sind die beiden schon ein gutes Stück vorwärtsgekommen. Plötzlich verlangsamt sich das Taxi und zeigt auf dem Bildschirm an, dass die Verkehrsdichte massiv zugenommen hat, und er zeigt auch die neue voraussichtliche Ankunftszeit an. «Da haben wohl noch einige andere den gleichen Gedanken gehabt und fahren auch in die Stadt», plaudert Opa und erzählt aus früheren Tagen. «Früher führte das unweigerlich zu stockendem Verkehr oder gar Stau, wenn einige Idioten immer wieder die Spur gewechselt haben, weil sie dachten, es gehe dann schneller. Heute ist es doch eine Wohltat.»

Der Individualverkehr im Jahr 2030

In der Tat ist es im Jahr 2030 genau so. Da die Fahrzeuge autonom fahren und miteinander über die Cloud verbunden sind, regelt und lenkt das System alle Autos. Man kann auf der Autobahn selber nicht mehr bestimmen, ist aber dafür viel schneller am Bestimmungsort, weil das Transportsystem dank künstlicher Intelligenz, Big Data und Smart Data viel intelligenter handelt als früher die vielen Autofahrer. Keine Drängelei und Raserei mehr – auch kaum Unfälle. Dank dem Internet der Dinge sind alle Gegenstände mit der Cloud verbunden. Und während der Fahrt kann man andere Dinge tun, wie News lesen oder arbeiten.

In die grossen Innenstädte kann man nicht mehr fahren, sondern wird in grosse Parkhäuser an der Stadtgrenze geführt. Der Parkplatz wird für das Fahrzeug reserviert, und kein anderes Fahrzeug kann diesen Platz für sich beanspruchen.

Der öffentliche Nahverkehr im Jahr 2030

Der Verkehr in den Innenstädten musste neu geregelt werden, denn wir erstickten im Verkehr und an den Abgasen. Das neue Verkehrskonzept sah vor, dass alle individuellen Verkehrsträger zugunsten der Gesamtheit ihre Aktivität aufgeben mussten. Alle Strassenbahnen, Busse und Taxis mussten diesem übergeordneten Prinzip weichen. Dafür gibt es eine Flotte an selbstfahrenden Elektrotaxis. Der Unterschied ist, dass diese der Allgemeinheit gehören und nicht Einzelpersonen. Die autonom fahrenden Taxis haben eine unterschiedliche Anzahl Sitzplätze und werden je nach Strecke und Nachfrage eingesetzt. Nachts um drei Uhr sind beispielsweise nur noch wenige Vierplätzer im Einsatz, was ja auch Sinn macht. Meistens sind aber Fahrzeuge mit acht bis zwölf Plätzen mit Fahrgästen unterwegs. Sie fahren auf Wunsch von A nach B. Man bestellt sie per Sprachbefehl über die Cloud, wobei gleich auf dem eingesetzten Endbenutzergerät angezeigt wird, wann das Taxi ankommen wird. Unterwegs zum Bestimmungsort steigen andere Fahrgäste zu oder aus. Die Taxis werden zudem für Pakettransporte eingesetzt. Sie fahren wegoptimiert beim Paketempfänger vorbei, der vorinformiert wird, wann sein Paket ankommt, damit er es sofort in Empfang nehmen kann.

Im Weiteren gibt es auch selbstfliegende Taxis, die Taxidrohnen. Doch ist Fliegen auch im Jahr 2030 nicht jedermanns Sache und auch um einiges teurer als die am Boden fahrenden Taxis. Der Flugraum musste wegen der steigenden Anzahl an Flugdrohnen neu reguliert werden, denn bald hatte man den Stau nicht nur am Boden, sondern auch im Luftraum.

Für grössere Transporte sind individuelle Transportfahrzeuge zugelassen, diese müssen aber ebenfalls über die Cloud angemeldet werden. Sie bekommen eine vom Transportsystem übergeordnete Verkehrszeit. Damit lassen sich Stosszeiten vermeiden, da der Gesamtverkehr zentral durch eine Software gesteuert wird. Da diese Transportfahrzeuge auch selbstfahrend sind, braucht es in der grossen Stadt keine Menschen mehr, welche Fahrzeuge lenken.

Nun haben wir in den Innenstädten endlich paradiesische Zustände, denn die selbstfahrenden emissionsfreien Fahrzeuge verpesten unsere Luft nicht mehr, es gibt keine Staus mehr und Unfälle sind äusserst selten geworden. Aus den Parkhäusern, die es nicht mehr brauchte, hat man Einkaufszentren oder Sportstätten gebaut.

Ausserhalb der grossen Stadt verkehren weiterhin Fahrzeuge aller Art. Man muss aber kein eigenes Fahrzeug mehr besitzen. Auf den viel befahrenen Strecken kann man autonom fahrende Autos oder fliegende Objekte wie in der Stadt bestellen. Einzig auf den Autobahnen werden sie durch das Transportsystem gelenkt.

Ältere Fahrzeuge mit Verbrennungsmotor – Gott sei Dank gibt es nicht mehr viele davon – sind weiterhin zugelassen, ausser in der Stadt und auf den Autobahnen. So kann man immer noch mit Oldtimern, einfach leicht eingeschränkt, über Pässe oder auf Landstrassen fahren.

Der Transport zwischen den grossen Zentren findet noch wie früher statt. Es gibt noch immer Züge, Busse und Flugzeuge, die die Städte miteinander verbinden, die im Gegensatz zu früher heute meistens mit Elektromotoren betrieben werden. Gerade bei der Überwindung grosser Distanzen würde der Einsatz der autonom fahrenden Taxis wenig Sinn machen.

Der Hyperloop, eine Idee von Elon Musk, dem Gründer von Tesla und SpaceX, konnte sich bisher noch nicht flächendeckend eta-

Abbildung 1: Wir schreiben das Jahr 2030: Opa und Luca in der Stadt (Bildquelle: Patrick Angst Grafikdesign)

1. Wir schreiben das Jahr 2030 – Unmittelbare Zukunft oder Science-Fiction?

blieren, weil die physikalischen Herausforderungen bisher zu gross und die Kosten zu hoch waren. Der Hyperloop ist ein Hochgeschwindigkeitstransportsystem, das Kapseln mit sehr hoher Geschwindigkeit auf Luftkissen durch eine Röhre im Vakuum befördern soll, ähnlich wie früher bei einer Rohrpost.

Nun sind Opa und Luca nur drei Minuten später angekommen. Früher hätten sie wegen eines Staus wohl eine halbe Stunde verloren. Das Fahrzeug lenkt automatisch ins grosse Parkhaus an der Stadtgrenze ein und fährt in den reservierten Parkplatz Nummer 631. Gleich auf Platz 630 steht ein alter roter Toyota Corolla. Dieser Oldtimer darf noch manuell gefahren werden, aber nur noch über die Landstrasse. «Schau mal den alten Toyota Corolla, Luca. So einen hatte Oma vor vielen Jahren. Da mussten wir die Autos noch selber steuern. Für mich heute unvorstellbar», sagt Opa.

Shopping und einkaufen im Jahr 2030

Sie steigen ins bereitstehende Taxi ein. Auf der Fahrt in die Innenstadt steigen weitere Fahrgäste zu, die alle auch Weihnachtsgeschenke bestellen wollen. Nachdem sie an der Shoppingmeile in der Innenstadt angekommen sind, gehen sie gleich ins erste Geschäft hinein.

Die Geschäfte sind heute eigentliche Showrooms, wie es Apple mit seinen Applestores schon ums Jahr 2010 vorgemacht hat. Man kann sich von den Auslagen wohl inspirieren lassen, die gewünschte Ware lässt man sich in der Regel jedoch nach Hause liefern.

Selbstverständlich kann man alles auch online einkaufen. In der Matrix stehen sämtliche Funktionen zur Verfügung, um ein echtes Einkaufserlebnis wie um die Jahrtausendwende herum zu erleben. Heute kauft man entweder online in der Matrix ein oder geht in die Innenstadt in einen der vielen Showrooms. Das geht natürlich nur beim Shoppen, wo es vor allem um die Inspiration und ums Einkaufserlebnis geht.

Möchte man aber den Wocheneinkauf von Lebensmitteln machen, dann wird das von den meisten entweder online oder noch klassisch gemacht. Der Anteil hat sich von offline zu online stark verschoben, sodass es nur eine Frage der Zeit ist, bis letztlich alles online erledigt wird, weil sich Supermärkte kaum noch lohnen. Neue Produkte werden in den Showrooms zum Probieren angeboten. Diese Inspiration ist auch dank der Matrix noch nicht möglich, denn ein Lebensmittel zu testen und verkosten geht auch im Jahr 2030 noch nicht. Man muss ja Lebensmittel riechen und schmecken können.

Der Onlineeinkauf geht in der Matrix fast ausschliesslich per Sprache vonstatten. Amazon hat es im Jahr 2015 mit seinem Produkt «Amazon Echo» bzw. «Alexa» allen vorgemacht, wie E-Commerce in Zukunft aussehen wird. In der Matrix kaufen wir ein und haben ein unglaubliches Shoppingerlebnis.

Luca schaut sich im Geschäft eine der neuen Linsen an, die man – wie früher eine Kontaktlinse – ins Auge setzen kann. Damit hat man Zugang zur Augmented-Reality-Funktionalität. Ein Verkäufer kommt auf die beiden zu und fragt: «Hallo Luca, schön, dich wieder bei uns zu haben. Darf ich dir etwas zu dieser neuen Linse sagen?» – «Ja gerne, Tom. Was genau kann ich damit ma-

1. Wir schreiben das Jahr 2030 – Unmittelbare Zukunft oder Science-Fiction?

chen?», fragt Luca. «Luca, diese neue Linse hat eine wesentlich bessere Auflösung als die letzte, die du vorletztes Jahr bei uns gekauft hast.» – «Ich habe kürzlich in der Matrix einen Bericht über eine noch bessere gesehen, Tom», erzählt Luca. Tom: «Warte bitte, ich hole sie gleich für dich.»

«Du Luca, woher kennt dich Tom?», fragt Opa Luca. «Opa, das war ein Roboter. Der hat mich gleich erkannt, weil ich vorletztes Jahr schon hier war und er meine Erlaubnis hat, dass er mich persönlich ansprechen darf.» – «Unglaublich. Das habe ich nicht bemerkt, dass es kein Mensch aus Fleisch und Blut war, sondern ein Roboter. Es ist schon ein Wahnsinn, wie sich die Robotertechnologie in den letzten Jahren entwickelt hat. Früher war es meist Glückssache, ob dich ein kompetenter Verkäufer berät oder nicht», sinniert Opa. – «Vor allem wissen diese Verkaufsroboter einfach alles über die Produkte. Sie kennen alle Vor- und Nachteile und alle Testberichte. Da wird man wirklich gut beraten», wirft Luca ein.

Tom, der Verkaufsroboter, war nach zwei Minuten schon wieder zurück und brachte die neue Linse. Er erklärte Luca alle Vor- und Nachteile, sodass Luca sie gleich kaufte. «Wie schnell möchtest du die Linse bei dir haben?», fragt Tom. «Wenn du sie innert zwei Stunden per Drohne ausgeliefert haben möchtest, dann bekommst du ein Standardmodell in der ungefähren Grösse für dein Auge. Wenn du aber eine ganz genau auf dich abgestimmte Linse möchtest, dann können wir sie bis morgen im 3D-Drucker herstellen und ausliefern lassen. Was möchtest du lieber?» – «Tom, ich möchte lieber auf das auf mich abgestimmte Produkt warten, so wie beim letzten Mal», antwortet Luca. – «Vielen Dank, Luca, der Auftrag wurde soeben erteilt und du bekommst die Ware bis morgen. Ebenso haben wir die Zahlung ausgelöst. Das läuft wie immer über deine Lieblingswährung Bitcoin. Wenn du jetzt laut JA sagst, ist die Transaktion vollzogen und in der Blockchain festgehalten», meint Tom. – «Ja», sagt Luca.

Opa und Luca haben ihre Shoppingtour in der Folge in anderen Showrooms fortgesetzt, bis sie müde waren und wieder nach Hause wollten. Opa bestellte per Sprachanweisung ein anderes Taxi, das sie wieder an die Stadtgrenze brachte, wo bereits ein anderes Taxi für den Heimtransport auf sie wartete. 2030 kennt man selbstfahrende Taxis, die für den Einsatz in der Stadt geeignet sind. Für die längeren Transporte auf Autobahnen und Überlandstrassen gibt es komfortablere Fahrzeuge.

Auf der Heimfahrt wollte Opa von Luca noch mehr über die Matrix wissen, von der Luca mehrmals gesprochen hatte. «Opa, das zeige ich dir morgen. Heute bin ich zu müde dafür. Einverstanden?», meint Luca. «Alles klar, Luca», entgegnet Opa, «aber gleich morgen früh, nicht wahr?» – «Aber sicher, Opa, komm doch morgen um 9 Uhr mit in die Matrix, damit ich dir meinen Schulweg und meine Schule zeigen kann.» – «Sehr gerne, Luca, dann bis morgen 9 Uhr. Gute Nacht!», brummt Opa vor sich hin.

«Auch dir eine gute Nacht und danke, dass du mit mir in die Innenstadt gekommen bist. So häufig haben wir solche Gelegenheiten ja heute nicht mehr wie ihr früher», bemerkt Luca.

Die Matrix (I)

Im Jahr 2030 haben die meisten Leute kein Smartphone mehr. Die Zeit der «Generation HD» ging damit zu Ende. Generation HD heisst «head down». Die Leute mussten sich ständig nach vorne beugen und den Kopf nach unten halten (head down).

Im Jahr 2030 ist das glücklicherweise vorbei. Die Informationen bekommt man an diversen Orten. Entweder sind das speziell eingerichtete Räume oder Geräte. Beide bezeichnen wir als Matrix. Es gibt die Matrix in diversen Ausführungen: Einerseits sind das spezialisierte Räume, andererseits Geräte (Devices), die mit Funkchips und den Technologien Augmented Reality und Virtual Reality ausgestattet sind.

Ein Servicetechniker zum Beispiel trägt während seiner Arbeit einen Helm und sieht im Visier genau, was er als nächsten Arbeitsschritt tun muss. Ebenso bekommt er Informationen über das zu reparierende Teil wie Garantiedauer, Schaltpläne etc. bei Bedarf eingeblendet.

Zu Hause haben wir eine gut ausgebaute Matrix für die Informationssuche, für Shopping, Schule und Weiterbildung, Konferenzen etc. Die Steuerung erfolgt über Sprachbefehle. Maus und Tastatur gibt es kaum mehr, höchstens im Museum.

Abbildung 2: Wir schreiben das Jahr 2030: Opa und Luca in der Matrix (Bildquelle: Patrick Angst Grafikdesign)

1. Wir schreiben das Jahr 2030 – Unmittelbare Zukunft oder Science-Fiction?

Die Schule im Jahr 2030

Endlich ist es 9 Uhr und Opa ist schon gespannt wie ein Regenschirm, wie die Schule im Jahr 2030 abläuft. Er kann sich natürlich noch an seine Schulzeit erinnern. Das ist aber schon viele Jahre her.

«Hallo Opa, super, dass du da bist», begrüsst ihn Luca, «jetzt zeige ich dir meinen Schulweg.» Beide gehen in die Matrix hinein. «So, das war mein Schulweg! Sehr kurz, nicht wahr?», meint Luca schmunzelnd. «Ja, in der Tat, sehr, sehr kurz. Mein Schulweg war damals ein Vielfaches länger, aber dafür vermutlich auch interessanter und abwechslungsreicher», entgegnet Opa interessiert. Luca: «Also Opa, jetzt nehme ich gleich an einer Englischlektion teil.»

Luca ruft seinen Englischlehrer: «Hello John, I am back again. Do you mind my grandfather joining us this morning's lesson?»

Die Schule findet an zwei Orten statt. Einerseits wird das Wissen zu Hause wie früher beim «Homeschooling» vermittelt. Andererseits gibt es Projektarbeiten in Gruppen, die von Coaches geleitet werden.

Das Basiswissen wird zu Hause in der Matrix vermittelt. Alles wird vom automatischen Schulsystem «Pestalozzi» gesteuert und gelenkt. So bekommt jede Schülerin und jeder Schüler immer genau das, was er oder sie braucht und verarbeiten kann. «Pestalozzi» kennt die Lernfortschritte und kann Repetitionen verlangen, wenn es erforderlich ist. Das wollte man früher in der Volksschule ebenso erzielen, doch war es sehr aufwendig, in einer Klasse mit über 20 Kindern einen individualisierten Unterricht durchführen zu können. In der Volksschule wurden vermehrt Erziehungsaufgaben von den Eltern auf die Lehrpersonen übertragen, sodass sich diese mehr darum als ums Vermitteln des Stoffes kümmern mussten. So kam früher oftmals die Wissensvermittlung zu kurz.

Dank der Matrix ist alles anders geworden. Eine Bildungspflicht gibt es weiterhin, sie findet aber in individuellen Schritten statt. Die Lehrperson ist virtuell und kann vom Lernenden selber nach seinen Wünschen erstellt werden, sogar je nach Lektion. So ist Lucas Englischlehrer ein Mann mittleren Alters und heisst John, weil es Luca so gewünscht hat. Selbstverständlich ist John Native Speaker mit bestem Oxford-Englisch. Er lernt so am besten. Im Fach Deutsch hat er sich für eine junge Lehrerin mit hochdeutschem Akzent entschieden, damit er ein möglichst gutes Deutsch lernt und keines mit schweizerdeutschem Akzent. Die Lehrpersonen lassen sich so laufend auswechseln, da sie ja nur virtuell sind. Dank künstlicher Intelligenz, Avataren und Hologrammen ist die Schule auf das jeweilige Kind zu einhundert Prozent ausgerichtet. Persönlicher geht es nicht mehr.

Doch Wissen alleine genügt nicht. Damit die Lernenden später auch im sozialen Umfeld bestehen können, nehmen sie regelmässig an Projektarbeiten teil. Dort haben sie den Austausch mit anderen Lernenden und können sich aktiv in die Projekte einbringen. Sie übernehmen dort Aufgaben, die ihren Fähigkeiten am besten entsprechen. Dort lernen sie auch den Umgang mit anderen Menschen. Die Projektarbeiten werden von speziell ausgebildeten Coaches begleitet. Den klassischen Lehrerberuf gibt es nicht mehr.

Die Matrix (II)

In der Matrix lassen sich alle Lerninhalte auch für Erwachsene vermitteln. Man bucht eine oder mehrere Lektionen, egal welches Thema, und bekommt so Zugang zum Bildungs- bzw. Weiterbildungssystem.

Selbstredend ist, dass sich so auch virtuelle Einkäufe erledigen lassen. Man möchte eine Produktkategorie näher «ansehen» und schon erscheint ein Avatar oder Bot, der einem die Produkte wie im Showroom erklärt. Der einzige Unterschied ist in der Matrix, im virtuellen Raum also, dass man das Produkt nicht wirklich anfassen kann. Die Haptik fehlt (noch). Doch muss man ein Produkt auch nicht immer erst anfassen können, bevor man es kauft. Bei Folgekäufen zum Beispiel oder bei nicht emotionalen Produkten wie z. B. einem Kugelschreiber braucht man diese Haptik nicht. Man kennt das Produkt ja schliesslich von früher her. Zumindest kann man Produkte beschnuppern, weil man mittlerweile Gerüche und Düfte in der Matrix aufbereiten kann.

In der Matrix lassen sich auch Konferenzen oder Gespräche abhalten, wie wenn man sich gegenübersitzen würde. Die Qualität ist – heute im Jahr 2030 – viel besser. Kein Vergleich noch zu Gesprächen wie früher zum Beispiel per Skype.

In der Matrix läuft die ganze Kommunikation in der gewünschten Sprache ab. Die Englischlektionen selbstverständlich auf Englisch, das Shopping in der Muttersprache und die Aussagen der Konferenzteilnehmer werden vom System bei Bedarf simultan übersetzt.

«Opa, nun hast du gesehen, wie ich in die Schule gehe. Und gleichzeitig hast du meinen Englischlehrer, den John, kennengelernt. Cool, nicht wahr?», meint Luca stolz. «Ja, Luca, das ist wirklich unglaublich, was wir heute alles abrufen können. Das hätte man sich vor 30 Jahren noch nicht vorstellen können», entgegnet Opa begeistert.

2. Zukunftsmissionare – Glauben Sie nicht alles

> **In diesem Kapitel**
>
> *Was halten Sie von Prognosen und deren Glaubwürdigkeit? Was dürfen Sie alles glauben? Wann sollten Sie auf Ihren Bauch hören?*

Im Oktober 2016 durfte ich in der Nähe von Linz, Oberösterreich, vor rund 400 Zuhörerinnen und Zuhörern einen Vortrag zum Thema «Digitalisierung 2030 – wohin geht die Reise?» halten. Da ich einen permanenten Google Alert auf meinen Namen gesetzt habe (das sollten Sie unbedingt auch tun), werde ich über alle publizierten Artikel, in denen mein Name erscheint, automatisch per E-Mail informiert. Plötzlich zeigte mir Google Alert an, dass ein gewisser Jörg Eugster, Zukunftsforscher, einen Blick in die Zukunft gewähre.

Google Alerts

"Jörg Eugster"

Tägliches Update · 14. Juli 2016

Web

Blick in die Zukunft - Ref. Zukunftsforscher **Jörg Eugster**
Neuhofen an der Krems

Abbildung 3: Jörg Eugster als «Zukunftsforscher» (Bildquelle: Google Alert)

Zuerst dachte ich, es sei ein Namensvetter von mir, der Zukunftsforscher sei. Ich war sehr erstaunt, als ich sah, dass es um meinen Vortrag in der Nähe von Linz ging. Normalerweise fragt der Veranstalter vorher an und möchte jeweils Text und Bilder zur Vermarktung des Anlasses. Diesmal war das nicht der Fall. Als ich den Veranstalter darauf ansprach, warum sie mich als Zukunftsforscher angekündigt hatten, wurde mir entgegnet, dass sie mich nach meinem Vortrag in Wien, an dem sie mich erlebt hatten, genau so sehen.

So wurde ich über Nacht zum Zukunftsforscher.

Es ist ja schliesslich kein geschützter Titel und jeder könnte sich so nennen. Doch ich möchte mir keinen falschen Titel umhängen.

Kann man die Zukunft voraussagen?

Wenn man plötzlich unverhofft einen neuen Titel verpasst bekommt, macht man sich natürlich Gedanken. So «flatterte» bald darauf eine Einladung von Matthias Horx und seinem Zukunftsinstitut zum Anlass «FutureExpertDay» in Berlin herein. Ich meldete mich gleich an, um mehr über das Thema Zukunftsforschung zu erfahren.

Das Ergebnis möchte ich gleich vorwegnehmen: Man kann die Zukunft nicht voraussehen. Nun gut, das habe ich schon vorher gewusst, habe aber am Anlass die Bestätigung bekommen.

Was haben Schamanen, Propheten, Orakel, Visionäre, Weissager, Prognostiker, Think Tanks, Trend- und Zukunftsforscher gemeinsam? Alle versuchen, auf ihre eigene Art und Weise eine mögliche Zukunft zu beschreiben oder vorauszusagen. Erinnern wir uns an die Apokalyptiker, die immer wieder das Ende der Welt vorausgesagt haben. Die Welt dreht sich heute aber immer noch.

> *Hätten wir «9/11» voraussehen können?*

Hätten wir das Ereignis vom 11. September 2001 in New York voraussagen können? Es gab vielleicht Daten bei den Geheimdiensten und sich abzeichnende Trends, wie sich das Verhältnis der USA zu Osama bin Laden zusehends verschlechterte. Doch hätte das jemand voraussagen können, der nicht zur Terroristentruppe gehörte, die die Twin Towers zu Fall brachte?

> *Wie gut lässt sich das Wetter prognostizieren?*

Bitte sagen Sie mir, wie das Wetter in genau 6 Monaten sein wird. Das kann heute noch niemand, weil das Wetter ein äusserst komplexes System ist. Man kann das Wetter für die nächsten Stunden mit einer sehr hohen Genauigkeit voraussagen. Auch für die nächsten 10 Tage lassen sich Trends erkennen und prognostizieren. Doch oft kommt es anders, als man denkt.

Visionäre wie Steve Jobs verändern die Welt

Manchmal gibt es auch Visionäre, die die Dinge, die sie sehen, selber umsetzen. Damit wird ihre Vision zur Realität. Nehmen wir mal den Visionär Steve Jobs. Hätten wir damals das iPhone voraussagen können, das 2007 auf den Markt kam? Natürlich haben wir Trends gesehen. Speicher und Rechnerleistung wurden auf den damaligen mobilen Telefonen immer besser, die Bandbreite für die Datenübermittlung immer grösser, und es gab es immer mehr kleine, nützliche Programme. Die Gerätehersteller von damals hiessen Nokia, Motorola, Blackberry oder Ericsson bzw. Sony Ericsson. Diese Firmen haben früher sehr erfolgreich Mobiltelefone gebaut. Wo sind sie heute? Hätten sie den Trend nicht kommen sehen müssen und entsprechend reagieren? Hätten nicht die vielen Wahrsager, Zukunfts- und Trendforscher das erkennen müssen? Warum hat ein Branchenfremder wie Apple den Markt aufgemischt? Hat nicht Steve Jobs einfach seine Vision Wirklichkeit werden lassen und den Trend selber gesetzt?

Klar, wenn er es nicht gemacht hätte, dann hätte es ein anderer gemacht, früher oder später. Man konnte ja den Trend zu kleineren, leistungsfähigeren Geräten mit immer mehr Funktionen erkennen. Ich habe diesen Trend selber auch kommen sehen und in einem Vortrag im Jahr 2005 die digitalen Trends im Jahr 2015 vorausgesagt. Ich sah die vielen Apps kommen, dachte aber, dass diese primär auf dem Fernsehgerät genutzt würden. Selber hatte ich einige Organizer wie den von Psion gekauft. Man konnte sich wirklich vorstellen, dass man damit auch einmal telefonieren würde. Doch brauchte man das vor 2007? Viele meiner Freunde meinten damals, dass ihnen das Abfragen der E-Mails und das Surfen im Internet zu Hause oder im Büro reichen würde. Sie bräuchten keinen Internetzugang unterwegs. Dann sagten Prognostiker voraus, dass wir auch einmal auf dem Mobiltelefon fernsehen würden. Das fanden viele damals sehr befremdend. Was tun heute die Leute? Sie schauen immer häufiger Videos auf YouTube und Facebook.

Wussten Sie, dass Nokia lange vor Apples iPhone mit dem Nokia Communicator 9000 *(https://de.wikipedia.org/wiki/Nokia_Communicator#Nokia_9000)* bereits 1996 einen Electronic Organizer auf den Markt brachte? Dieses Gerät hatte vor allem eine ganz wichtige Funktion, den PIM. Der PIM war der Personal Information Manager, mit dem man Daten, Adressen und Termine speichern konnte. Man konnte damals damit auch schon telefonieren. Und der PIM wurde auch nicht App, sondern noch Anwendung oder Applikation genannt. Vielleicht hat sich ja Steve Jobs davon inspirieren lassen und zu sich gesagt, dass so ein Gerät neben einem PIM auch telefonieren können müsse. Was viele nicht wissen, ist, dass Apple bereits 1992 unter dem damaligen CEO John Sculley den Newton MessagePad auf den Markt brachte und diese Gerätekategorie als PDA oder Personal Digital Assistant bezeichnete. Der PDA war allerdings zu wenig erfolgreich. Vermutlich war damals einfach die Zeit für ein solches Gerät noch nicht reif. Erst als Steve Jobs dank der Übernahme von NeXT durch Apple wieder zu seinen Wurzeln zurückkehrte, ging es mit Apple wieder aufwärts. Das alles können Sie auf Wikipedia nachlesen *(https://de.wikipedia.org/wiki/Apple)*.

Hätten wir das damals alles voraussehen können? Den Trend ja, aber dass Apple mit dem iPhone eine disruptive Technologie auf den Markt bringen würde, haben wir nicht kommen sehen. Zum Thema Disruption erfahren Sie später mehr im Kapitel 4 *«Den Umsatz von morgen machen die Andersdenkenden von heute»*.

Google, Yahoo und AltaVista

Noch ein anderes Beispiel. Welches war die erste weltweit bekannte Suchmaschine? Nein, es war nicht Google, auch nicht Yahoo, sondern AltaVista. AltaVista, das damals DEC (Digital

Equipment, erinnern Sie sich noch?) gehörte, war in den Jahren 1995 bis 1999 neben HotBot die bekannteste Volltextsuchmaschine. Dann wurde aus einer im Jahre 1996 erstellten Semesterarbeit der beiden Doktoranden Sergey Brin und Larry Page an der Stanford University Google. Zuerst hiess das Projekt noch BackRub, das am 15. September 1999 in Google umbenannt wurde *(Vise, David A., Die Google-Story, 2006)*.

Hätten wir damals voraussehen können, dass Google einmal die mächtigste Suchmaschine und zu einem der wertvollsten Unternehmen in unserer Zeit werden würde? Wo waren all die Zukunftsforscher? Hatten diese das auch vorausgesehen? Vermutlich nicht. Zweifelsohne konnte man den Trend erkennen: Das Internet wuchs exponentiell und der Bedarf nach einer Ordnung und Suche in dieser ungeheuren Datensammlung wuchs.

Was aber trieb die beiden damaligen Doktoranden an? Es war ihr Ehrgeiz, die beste Suchmaschine zu bauen, besser als damals AltaVista. Googles Algorithmus damals basierte vor allem auf der Weiterempfehlung. Im Internet ist der Link eine Weiterempfehlung. Der Algorithmus hat sich seit damals massiv weiterentwickelt und tut dies immer noch.

Die Geschichte von AltaVista ging später mit der Zusammenarbeit mit Yahoo weiter. Yahoo war vorher lediglich ein Verzeichnis und verleibte sich die Suchmaschinentechnologie von AltaVista ein. Noch ums Jahr 2005 waren die Suchmaschinen von Yahoo und Google in der Anzahl Suchanfragen vergleichbar. Im Juli 2016 wurde Yahoo schliesslich von Verizon übernommen, nachdem der Aktienkurs jahrelang vor sich hingedümpelt hatte. Googles Aktienkurs hingegen stieg im gleichen Zeitraum von

250 auf 800 Dollar. Nachdem bereits seit 2010 alle Suchanfragen von Altavista auf Yahoo Search umgeleitet wurden, wurde der Dienst am 8. Juli 2013 endgültig eingestellt und ist heute nur noch Geschichte.

Facebook

Als Facebook 2004 von Mark Zuckerberg gegründet wurde, war MySpace das bedeutendste Soziale Netzwerk, ist aber heute nur noch ein Schatten seiner selbst. Allen Relaunch-Bemühungen zum Trotz geht der Trend weiter bergab: Im Alexa-Rank *(Quelle: alexa.com)* lag MySpace im März 2010 noch auf Rang 16 der meistbesuchten Websites im Internet, im Dezember 2014 nur noch auf Rang 1464, im Dezember 2015 auf Rang 1650 und im September 2016 auf Rang 2225. Facebook hingegen verzeichnete im 3. Quartal 2016 gemäss statista.de über 1,7 Milliarden Mitglieder. Heute, im Jahr 2019, verzeichnet Facebook über 2 Milliarden Mitglieder.

Hätte man das voraussehen können? Dann hätten ja alle Trend- und Zukunftsforscher ihr ganzes Vermögen in Facebook-Aktien investieren müssen. Am 18. Mai 2012 ging Facebook an die NASDAQ. Der Ausgabekurs betrug 38 US-Dollar. Dabei wurden Einnahmen von 16 Milliarden US-Dollar erzielt, was den damals grössten Börsengang eines Internetunternehmens darstellte. Die Gesamtbewertung des Unternehmens lag auf Basis des Ausgabekurses bei rund 104 Milliarden US-Dollar. Obwohl Experten einen deutlichen Anstieg der Kurse vorausgesagt hatten, verlor die Aktie innerhalb weniger Wochen fast ein Drittel ihres Werts und ohne einen Trend der Besserung halbierte sich der Aktienkurs bereits im August 2012 auf 19 Dollar. Der Börsengang wurde vom Wall Street Journal als «Fiasko» bezeichnet *(https://de.wikipedia.org/wiki/Facebook_Inc.#B.C3.B6rsengang)*.

Ich kann mich noch gut an die Diskussionen damals erinnern. In einem Artikel in der Zeitschrift «Marketing & Kommunikation» schrieb ich dazu zwei Artikel im Mai und Juni/Juli 2012, dass man unbedingt Facebook-Aktien kaufen solle, und dass die Börsenkapitalisierung mehr als 100 Milliarden Dollar betragen würde *(https://eugster.info/wp-content/uploads/2012/06/Online-Highlights-MK _05_2012_S._42.pdf, https://eugster.info/wp-content/uploads/2012/06/Online-Highlights-MK-06_07_2012_S._36.pdf)*. Der Chefredakteur rief mich vor der Veröffentlichung an und hielt mir einen Vortrag, wieso Facebook niemals 100 Milliarden, also der Wert aufgrund des Ausgabekurses beim Börsengang, wert sein würde. Im Mai 2018 war Facebook sogar 512 Milliarden US-Dollar wert *(https://de.wikipedia.org/wiki/Facebook_Inc.)*.

Wir hatten beide unrecht, aber jeder auf eine andere Seite. Dumm nur, dass ich damals keine Facebook-Aktien gekauft hatte.

Glauben Sie mir, niemand kann die Zukunft voraussagen. Wir können sie erahnen, niemals aber sehen. Ich selber lag bei Facebook richtig, möchte aber hier auch erwähnen, dass dies nicht immer der Fall war. Ich liege mit meinen Prognosen oft richtig, ab und zu aber auch falsch.

> *Wenn die Zukunfts- und Trendforscher wirklich die Entwicklung voraussehen könnten, würden sie selber Google, Facebook und Apple von morgen bauen oder zumindest in einem frühen Stadium darin investieren.*

Was lässt sich voraussagen?

Gewisse Dinge, die auf Daten basieren, lassen sich hingegen berechnen und voraussagen. Zum Beispiel kann man die Entwicklung der Weltbevölkerung oder die Geburtenrate eines Landes berechnen und mit einer hohen Wahrscheinlichkeit voraussagen, weil es ein System mit hohen Kausalitätsverknüpfungen darstellt *(Horx, Matthias, Handbuch für Zukunftsagenten, Zukunftsinstitut, Frankfurt am Main, 2016, S. 52)*.

Es gibt sie aber auch, die Superprognostiker. Matthias Horx zitiert dabei auch den berühmten Staatsmann Sir Winston Churchill wie folgt: «*Winston Churchill, ein zur Depression neigender Staatsmann, dem Whisky und den Zigarren zugeneigt, strategischer Gewinner des Zweiten Weltkrieges, antizipierte die kabellose Kommunikationswelt und den Aufstieg alternativer Energien sowie die Entwicklung artifizieller Tiernahrung – und vieles andere mehr.*» *(Horx, Matthias, Handbuch für Zukunftsagenten, Zukunftsinstitut, Frankfurt am Main, 2016, S. 60)*.

Stellen Sie sich vor, Sie sind der CEO der «Electric Telegraph Company» im Jahre 1939 (daraus wurde später British Telecommunications oder kurz BT, nachdem die staatliche Firma 1984 von Margaret Thatcher privatisiert wurde). Sie hören von der Vision Winston Churchills, dass in der Zukunft die Kommunikation kabellos stattfinden werde. Sie denken spontan, ob der zu viel Whisky getrunken hat, weil seine Vorlieben ja bekannt waren. Das ist oft auch das Problem der Visionäre oder Superprognostiker: Niemand oder nur wenige glauben ihnen. Und Winston Churchill, der 1965 verstarb, konnte auch nicht mehr erleben, ob seine Voraussagen eingetroffen sind.

Oftmals sind Experten selber schlechte Prognostiker. Der CEO der «Electric Telegraph Company» hätte eine solche Vision kaum haben können, denn als Experte ist man oft von seiner reichen Erfahrung gefangen und kann nicht oder nur schlecht über den Tellerrand hinaussehen.

Oft erinnern wir uns nur an die eingetroffenen Visionen und Voraussagen. Doch mit wie vielen Voraussagen sind die gleichen Superprognostiker danebengelegen? Das wird oft verschwiegen. Aber das grosse Problem dieser Visionen ist, dass die Leute so etwas höchstens zur Kenntnis nehmen, aber nicht umsetzen können. So war das vermutlich auch mit den Visionen Winston Churchills. Die Technologie war damals bei Weitem noch nicht so weit, und man hatte damals andere Sorgen wie der bevorstehende Zweite Weltkrieg.

Zukunftsforschung versus Trendforschung

Am FutureExpertDay lernte ich den Unterschied zwischen Trend- und Zukunftsforschung kennen:

- Trendforschung ist eine Sozial- und Kulturdisziplin, die sich mit dem Wandel von Zeichen- und Kultursystemen besonders in Bezug auf Marketing- und Innovationsprozesse beschäftigt.

- Zukunftsforschung ist eine Systemwissenschaft, die sich mit langfristigen Veränderungen sowie deren Implikationen für politische und wirtschaftliche Prozesse befasst.

(Horx, Matthias, Handbuch für Zukunftsagenten, Zukunftsinstitut, Frankfurt am Main, 2016, S. 116–117).

Nachdem ich das am FutureExpertDay erfahren hatte, wusste ich, dass ich kein Zukunftsforscher bin. Darum werde ich mich fortan nicht mehr mit einem Titel schmücken, der mir nicht zusteht. Ich bin mir auch nicht sicher, ob ich mich als Trendforscher bezeichnen soll, obwohl mir das näherliegt.

Leserexperiment «Hausarzt der Zukunft»

Lassen Sie mich mit Ihnen ein Experiment durchführen. Bitte machen Sie zumindest gedanklich mit.

Wie sehen Sie die Zukunft des Hausarztes? Folgende Trends kann man erkennen:

- In der Schweiz wird in den nächsten fünf Jahren rund ein Drittel aller Hausärzte in Pension gehen. Das wird vermutlich in Deutschland ähnlich sein.

- Immer weniger Medizinstudenten möchten als Hausarzt tätig sein, weil sie als Spezialarzt mehr verdienen können.

- Die Versicherten der Krankenkassen wählen immer mehr alternative Modelle wie Callmed oder Managed Care, wo sie den Zugang zum Gesundheitssystem über ein Callcenter oder eine Gemeinschaftspraxis finden.

- Immer weniger Leute haben einen Hausarzt.

- Es gibt immer mehr neue Konzepte wie zum Beispiel die Permanence *(http://www.permanence.ch/)*, wo man ohne Anmeldung

Zugang zum Gesundheitssystem bekommt. Das ist der «Hausarzt on demand», also dann und dort, wann und wo ich ihn brauche.

Bitte malen Sie sich die Zukunft des Gesundheitssystems in Bezug auf Hausärzte aus. Werden wir bald ein grosses Problem wegen einer Unterversorgung haben und müssen wir immer ins nächstgelegene Spital gehen, um ärztlich versorgt zu werden? Zu welchem Schluss kommen Sie? Vermutlich nicht zum gleichen wie ich.

Ich gebe Ihnen weitere Informationen, die für Ihre Prognose relevant sein könnten:

- Watson, der Computer von IBM, kann heute schon dank künstlicher Intelligenz Krebs viel besser diagnostizieren als ein menschlicher Arzt. Watson kennt alle medizinischen Studien oder hat in Sekundenschnelle Zugriff auf diese und kann dank künstlicher Intelligenz eine Diagnose treffen. Wir stehen hier aber erst am Anfang dieser Entwicklung *(https://www.ibm.com/watson/)*.

- Haben Sie auch schon Raumschiff Enterprise (Star Trek) gesehen? Dort hat Dr. McCoy jeweils die Kranken mit dem Tricorder untersucht, indem er über den Körper der Person gefahren ist und gleich feststellen konnte, was der Person fehlt. Science-Fiction? Nicht mehr lange, denn schon bald wird der Tricorder XPrice angekündigt werden *(http://tricorder.xprize.org/)*. Stellen Sie sich vor, Sie haben wie Dr. McCoy ein portables Gerät in Ihrer Hand, das einen Patienten überwachen und eine Diagnose für diverse Krankheiten stellen kann. Sie atmen wie beim Alkoholtest bei der Polizei in ein Gerät, das anschliessend Ihren Gesundheitszustand feststellen kann. Unglaublich, nicht wahr? Man geht davon aus, dass bis in einigen Jahren sich jeder ein solches Gerät leisten kann.

Was bedeuten beide Entwicklungen für unser Gesundheitssystem? Hat das Ihre Einschätzung zum Hausarzt der Zukunft verändert? Obwohl wir hier einige Entwicklungen sehen, bleibt es weiterhin sehr schwierig, die Zukunft vorauszusehen. Änderungen der Rahmenbedingungen wie Gesetzesänderungen haben einen grossen Einfluss auf Voraussagen. Und jede bahnbrechende Innovation kann unser Weltbild für die Zukunft laufend verändern.

Ich habe Ihnen schon in Kapitel 1 meine Zukunftsvision gemalt. Gerne würde ich das um eine weitere Episode erweitern.

Der Hausarzt ist eine App in der Matrix

«Du Opa, möchtest du morgen wieder mit mir in die Schule kommen?», fragt Luca. «Nein, Luca, ich weiss ja jetzt, wie die Schule im Jahr 2030 abläuft. Zudem muss ich morgen zu meinem Hausarzt», antwortet Opa. «Hausarzt? Gehörst du noch zu den fünf Prozent der Bevölkerung, die heute noch einen Hausarzt haben?», entgegnet Luca überrascht, «etwas über 80 Prozent der Leute gehen zum virtuellen Hausarzt in der Matrix.»

Opa: «Das kann ich mir nach dem Schulbesuch gestern bei dir gut vorstellen, wie der Arztbesuch in der Matrix ablaufen wird. Ich wähle einen virtuellen Hausarzt aus, der im Dialog mit gezielten

Fragen ganz genau herausfinden wird, was mir fehlt. Dank dem Tricorder lassen sich auch einfache Tests durchführen.» – «Ganz genau, Opa», meint Luca belustigt.

Das Leserexperiment funktioniert

Vor Drucklegung der 1. Auflage dieses Buches habe ich von 20 Leserinnen und Lesern der Beta-Version dieses Buches ein sehr qualifiziertes Feedback bekommen, das ich in den meisten Fällen berücksichtigen konnte. Wie Sie vielleicht schon wissen, ist dieses Buch ein Social-Open-Projekt, wo ich die Community einlade, ihre Gedanken mit mir zu teilen.

Das hat auch ein langjähriger, lieber Kollege gemacht. Beat Arnet ist studierter und promovierter Dr. med., also geradezu prädestiniert, sich mit der Hausarztthematik auseinanderzusetzen. Heute arbeitet er als Mitglied der Geschäftsleitung und Leiter Leistungen bei der KPT, einer der grössten Krankenkassen der Schweiz. Er schrieb mir am Neujahrstag 2017 Folgendes:

Nicht die Zahl der Hausärzte wird zurückgehen, sondern die Zahl der Spezialisten. Begründung: Das Spezialwissen wird dem Hausarzt durch Dr. Watson bereitgestellt, die Anamnese (Ergebnis der Befragung des Patienten), den Status und die Therapie kann durch den Hausarzt übernommen werden. Der Hausarzt bzw. die Hausärztin – die Zukunft der Medizin ist weiblich – wird dem Patienten auch empathisch zuhören können.

→ *Es braucht in Zukunft also mehr Generalisten und weniger Spezialisten.*

Die manuellen Fähigkeiten der Hausärztin, des Hausarztes werden also gefragt bleiben, ebenso das aktive und empathische Zuhören und das Applizieren der Therapie. Schliesslich braucht es auch das kritische Hinterfragen der durch Watson empfohlenen Diagnose und der Therapie («critical appraisal»).

Natürlich braucht es auch noch einige Spezialisten: Das sind insbesondere die besonders geschickten Handwerker (Orthopäden, Chirurgen), welche Arbeiten verrichten, die noch nicht durch Roboter übernommen werden können. Es braucht künftig neue Fähigkeiten für Ärzte: kritisch hinterfragen, was der Roboter und Watson so treiben. Es braucht Querschnittsfunktionen: Arzt und Informatiker.

Vielen Dank, lieber Beat, für diese Einschätzung.

Wie Sie sehen, haben wir nun eine fachliche Diskussion zwischen einem Fachexperten und einem Laien. Wir beiden wissen nicht, wer recht bekommt. Doch oftmals lagen in der Vergangenheit die Experten daneben, weil sie eben Teil des Systems waren und die Einschätzungen auf ihren Erfahrungen basierten.

In Kapitel 4 «*Den Umsatz von morgen machen die Andersdenkenden von heute*» sehen Sie, wie sich Kodak entwickelte. Obwohl Kodak viele Experten für die analoge Bildtechnologie hatte und sie sogar als Erste eine Digitalkamera entwickelt hatten, konnten sie den Niedergang nicht aufhalten. Hätten wir zu jener Zeit eine ähnliche Diskussion geführt, hätten die Experten wohl die damalige Zukunft anders eingeschätzt. Damit möchte ich nur sagen, dass es verdammt (entschuldigen Sie bitte diese Ausdrucksweise) schwierig ist, die Zukunft vorauszuahnen.

Wer wird recht bekommen, Beat Arnet oder ich? Wir werden sehen. Auf jeden Fall trinken wir im Jahr 2030 ein Glas Wein miteinander und schauen auf diese Jahre zurück.

Update 3. Auflage 2019

Nach Drucklegung der ersten Auflage war ich am Kongress des Tech Open Air Berlin (toa.berlin). Der Veranstalter bezeichnet sich selbst als das führende Technologie-Festival Europas. Ich gehe gerne dahin, denn es hat eine unglaubliche Energie, die von vielen Start-ups und Menschen mit grossartigen Visionen geprägt ist. Der Anlass findet jeweils im Funkhaus Berlin im ehemaligen Ost-Berlin statt. Hier wurden bis 1945 die Radioprogramme der DDR ausgestrahlt.

Und hier habe ich von der App Ada das erste Mal erfahren. Ada ist eine App, die von mehr als 100 Ärzten und Wissenschaftlern entwickelt wurde. Die App erkennt nach eigenen Angaben bereits über 1000 Krankheiten mit mehreren Milliarden Symptomkombinationen. Testen Sie diese App selbst einmal. Ich finde sie sehr gut. Sie hat mir bereits zweimal bei der Diagnose gute Dienste geleistet. Ada ist ein sogenannter Chatbot, der Fragen stellt. Die Handhabung ist äusserst einfach, denn Ada gibt die möglichen Antworten gleich vor, die man dann nur noch anklicken muss. Ganz am Schluss der Befragung zeigt Ada die möglichen Krankheitsbilder an.

In Grossbritannien gibt es die App Babylon, die vom National Health Service offiziell unterstützt wird. Mit Babylon kann man wie bei Ada über einen Chatbot die Symptome angeben. Babylon stellt die Fragen, Sie antworten. Über Babylon kann man aber unter anderem auch direkt mit einem Arzt oder einer Ärztin sprechen, also einem echten Menschen. Das ist für Leute wichtig, die lieber mit einem Menschen als mit einem Chatbot sprechen.

An dieser Stelle möchte ich etwas Wichtiges klären. Wenn ich solche Beispiele bei Vorträgen erwähne, dann sehen manche Leute das etwas zu eng. Sie sehen nur schwarz oder weiss. Dabei kann man ja auch grau sehen. Es ist nicht die Meinung, dass ein solcher Chatbot den Arzt zu 100 Prozent ersetzt, sondern eher ergänzt. Ich habe das kürzlich mit meiner Hausärztin getestet. Ich hatte leichte Schmerzen im Knie und habe eine Diagnose mit Ada erstellt. Nach der Diagnose, die durch die Ärztin gestellt wurde, habe ich zum Abgleich die Diagnose von Ada gezeigt. So hatten wir eine ganz andere Art der Diskussion. Die Ärztin war übrigens Ada sehr aufgeschlossen. Ich denke, dass wir, wenn wir künstliche mit natürlicher Intelligenz und Empathie kombinieren, in vielen Lebensbereichen eine bessere Qualität bekommen werden.

Plötzlich kommt eine neue Technologie in Form einer App auf den Markt und schon wandelt sich die Art und Weise, wie wir an ein Problem herangehen. Ich bin überzeugt, dass solche Entwicklungen zum Wohle von uns Menschen sind.

Vorsicht vor selbst ernannten Zukunfts- und Trendforschern

Wie Sie gerade gesehen haben, gibt es letztlich nur Meinungen, wie sich die Zukunft entwickeln könnte. Eine neue bahnbrechende Technologie kann Ihr Zukunftsweltbild von einer Sekunde auf die andere völlig verändern. Wenn Amazon beispielsweise die Vision kundtut, dass im Weltall Warenhäuser analog grosser Zeppeline schweben, Drohnen die bestellte Ware an den Empfänger liefern oder Waren während des Transportes durch einen 3D-Drucker gleich hergestellt werden, dann verändert sich die Betrachtungsweise über die Produktion und Logistik von Waren unmittelbar.

Hüten Sie sich vor den selbst ernannten Zukunfts- und Trendforschern, denn die haben oft nicht recht. Was aber, wenn sie dann doch recht bekommen sollten? Dann haben Sie vielleicht ein Problem.

Bitte verstehen Sie mich bitte an dieser Stelle nicht falsch. Ich möchte die echten Zukunfts- und Trendforscher nicht schlechtmachen, keineswegs. Es gibt diese, die systematisch und methodisch danach forschen.

Botschafter der digitalen Zukunft

Ich selber bin kein Forscher. Bei mir entstehen die Zukunftsbilder aus dem Bauch heraus, ohne System und Methode. Darum und genau darum bezeichne ich mich weder als Zukunfts- noch als Trendforscher, sondern ich sehe mich eher in der Rolle eines Zukunftsmissionars mit der Mission, Ihnen die digitalen Megatrends näherzubringen. Doch ist leider der Begriff «Missionar» wegen der Kirchengeschichte negativ belegt. So habe ich mich entschlossen, mich als Botschafter für die digitale Zukunft zu bezeichnen, also ein Zukunftsbotschafter. Ich bringe Ihnen die Botschaft über die digitalen Megatrends, und das alles im nächsten Kapitel *«Digitale Megatrends»*.

3. Digitale Megatrends – Die Zeitreise hat begonnen

In diesem Kapitel ...

... behandeln wir die wichtigsten digitalen Trends, die uns derzeit und in Zukunft beschäftigen, und ich zeige Ihnen auf, wo wir heute stehen.

Buch «work in progress» / Crowdsourcing

Dieses Kapitel ist ein «work in progress». An diesem Kapitel arbeite ich ständig und lasse neue Erkenntnisse einfliessen, die ich vor allem bei Referaten zeigen kann. Beim gedruckten Buch lassen sich natürlich keine Änderungen oder Ergänzungen nachträglich anbringen.

Wenn Sie über neue Erkenntnisse informiert werden möchten, kann ich Ihnen folgende Kanäle anbieten, die Sie kostenfrei abonnieren können:

- *Website:* *https://eugster.info/*
- *Blog:* *https://eugster.info/blog/*
- *Newsletter:* *https://eugster.info/newsletter/*
- *LinkedIn:* *https://www.linkedin.com/in/joergeugster/*
- *XING:* *https://www.xing.com/profile/Joerg_Eugster/*
- *Twitter:* *https://twitter.com/JoergEugster*
- *Facebook:* *https://www.facebook.com/joerg.eugster*

Update 3. Auflage 2019

Aufruf der Videos

Noch in der 1. Auflage hatte ich den Aufruf der Videos über Short-URLs angeboten. Ich hatte auf QR-Codes verzichtet. Die Leute schätzten, dass ich für die vielen Beispiele eine Quelle angab. Doch war das Aufrufen der Videos mit den Short-URLs eher mühsam und umständlich. Darum habe ich dies für die 3. Auflage wesentlich verbessert. Sie gelangen auf zwei Arten zu den Videos:

- **Variante 1:**
  Auf der Seite https://eugster.info/uebermorgen/videos finden Sie alle Videos entweder eingebettet (YouTube) oder verlinkt (falls kein YouTube-Video) in der Reihenfolge in diesem Buch.

- **Variante 2:**
  Sie laden die App Xtend auf Ihr Smartphone. Jedes Mal, wenn Sie ein Video aufrufen möchten, starten Sie die Augmented-Reality-App Xtend und halten das Smartphone über das betreffende Bild. Sobald dieses erkannt wird, wird auf Ihrem Smartphone das dazugehörende Video aufgerufen.

Diese beiden Massnahmen erleichtern Ihnen das Starten des entsprechenden Videos.

> **Social Open Book**
>
> *Dein Beitrag ist erwünscht.*
>
> *Liebe Leserin, lieber Leser,*
>
> *an dieser Stelle erlaube ich mir, dich zu duzen, denn wir betreten ja Social Media. Und in Social Media tönt das «Sie» etwas sonderbar.*
>
> *Du darfst gerne einen Beitrag zu diesem «Social Open Book»-Projekt beisteuern. Es interessieren mich deine Gedanken und deine Ergänzungen dazu. Je nach Beitrag werde ich diese aufnehmen und im Blog und im Buch mit der Erwähnung deines Namens veröffentlichen.*
>
> *Es haben sich schon einige Leute mit guten Anregungen und Beiträgen bei mir gemeldet. Viele Beiträge konnte ich im Blog, Newsletter und meinen Social-Media-Kanälen verbreiten.*
>
> *Vielen Dank an all jene.*

«Du Opa ...»

Luca soll im Jahr 2030 in der Schule einen Vortrag zum Leben um die Jahrtausendwende halten. Dazu recherchiert er im Internet bzw. in der Matrix und findet viele Bilder aus jener vergangenen Zeit. Zu vielen Bildern findet er Erklärungen, kann sich aber nicht immer alles logisch erklären. Er ist überzeugt, dass Opa ihm da weiterhelfen kann. Denn schliesslich war Opa ja um die Jahrtausendwende beruflich noch sehr aktiv und weiss bestimmt Bescheid. So macht er sich auf, Opa zu den Bildern zu befragen.

«Du Opa, wie ich dir schon erzählt habe, soll ich für die Schule einen Vortrag zum Leben um die Jahrtausendwende halten. Den Vortrag halte ich nicht in der Matrix, sondern vor meinen Mitschülern und Mitschülerinnen aus der Projektgruppe. Ich habe da einige Bilder gefunden. Kannst du mir bitte mehr darüber erzählen? Mit den Erklärungen aus der Matrix bin ich nicht immer schlau geworden», sagt Luca fragend. «Aber klar, Luca, da helfe ich dir sehr gerne», meint sein Opa schmunzelnd, «zeig mal her.» Luca zeigt ihm ein Bild mit einer Ampel.

Abbildung 4: Ampel im Jahr 2016 (Bildquelle: Jörg Eugster)

«Was waren das für komische Strassenbeleuchtungen, die ihr damals hattet?» – «Luca, das waren keine Strassenbeleuchtungen, das waren Ampeln.» Luca: «Ampeln?» Opa: «Ja, Ampeln. Wenn Rot war, musste man anhalten, und wenn die Ampel auf Grün wechselte, durfte man weiterfahren.» Luca: «So krass! Heute fahren die Autos doch alle automatisch und solche Dinger wie Ampeln gibt es heute ja nicht mehr.» – «Luca, früher um die Jahrtausendwende war eben vieles anders.»

Wie Sie aufgrund der kurzen Diskussion von Luca mit seinem Grossvater erkennen können, wird sich in Zukunft vieles ändern.

Internet of Things (IoT)

Einer der digitalen Megatrends überstrahlt alle anderen. Das Internet der Dinge wird unser Leben noch stärker und schneller verändern. Das Internet, Social Media und das mobile Telefon haben unser Kommunikationsverhalten grundsätzlich und nachhaltig beeinflusst. Sie erinnern sich bestimmt an meine Aussage in Kapitel 1 über die «Generation HD». Die Leute laufen heute mit nach unten geneigtem Kopf (head down = HD) über die Strasse und gefährden sich selber. Nicht selten haben Selfies schon zu Unfällen oder gar Todesfällen geführt. Auch konnte ich schon beobachten, wie Personen auf dem Fahrrad ihr Handy benutzt haben! Und immer häufiger nutzen auch Autofahrer während der Autofahrt ihr Smartphone, was natürlich extrem gefährlich ist.

Noch vor wenigen Jahren bestand die Generation HD aus vorwiegend ganz jungen Leuten. Doch das ist längst nicht mehr so. Immer mehr Senioren besitzen ein Smartphone. Auch sie gehören immer mehr der Generation HD an. Das erkennt man am Kommunikationsverhalten. Nach dem Abendessen sitzen sie beisammen und starren auf ihr Handy, also auch Generation HD. Das, was sie früher den Jungen vorgeworfen haben, machen sie heute selber. Glauben Sie das nicht? Während ich diese Zeilen schreibe, halte ich mich für Schreibferien in einem Hotel auf Gran Canaria auf und beobachte genau das bei den vielen Senioren hier.

Und genau so wird das Internet der Dinge unser Leben nochmals und nachhaltig verändern, aber eher auf der Prozess- und Transaktionsebene. Es können und werden alle Gegenstände auf diesem Planeten dank Hardware wie Chip, Funksender, Tracker, Sensoren etc. mit dem Internet verbunden werden. Damit entsteht ein digitales Nervensystem. Dank dem Handy sind wir ja sozusagen schon jetzt ständig mit dem Internet verbunden. Es werden weitere Milliarden Geräte dank entsprechender Hardware mit der Cloud verbunden sein.

«So ein Blödsinn!», werden Sie vielleicht jetzt einwenden. Doch das haben Sie in den 1990er-Jahren vermutlich auch gesagt, als die ersten mobilen Telefone in Massen aufkamen. Und heute gehören Sie zur Generation HD. So schnell ändern sich Gewohnheiten. Ich selber habe mal klar die Meinung vertreten, dass ich von unterwegs keine E-Mails beantworten möchte. Und was mache ich heute ständig? Eben. «So ein Blödsinn!» Macht eine Vernetzung aller Gegenstände mit der Cloud wirklich Sinn?

Was Sie sich heute noch nicht vorstellen können, heisst nicht, dass es in Zukunft keinen Sinn machen wird.

Einige Beispiele:
- Als Eltern haben Sie sicherlich einen Kinderwagen. Angenommen, der wäre mit dem Internet verbunden, ebenso alle Autos. Sie erinnern sich bestimmt an die autonom fahrenden Autos aus Kapitel 1. Vielleicht müssen Sie auf Ihren Nachwuchs aufpassen, sind aber abgelenkt oder schauen auf Ihr Smartphone. Der Kinderwagen macht sich selbständig und fährt in Richtung Strasse. Dank dem Internet der Dinge meldet der Kinderwagen, dass er sich zu schnell in Richtung Strasse bewegt. Die selbst-

fahrenden Autos, die selber alle auch mit dem Internet verbunden sind, werden bereits über das ungewöhnliche Fahrzeug informiert und passen ihre Fahrweise der neuen Situation bis zum vollständigen Stopp an.

- Hätte es damals im Dezember 2013 schon das Internet der Dinge gegeben, hätte Michael Schumachers Unfall vermutlich nicht stattgefunden. Er wäre dann durch seine Skibrille über die Streckenführung und die Gefahren ausserhalb der Piste gewarnt worden.

- Dank Sensoren können Produktionsprozesse optimiert werden. Sensoren stellen die Temperatur der Produktionsanlage fest und verändern diese bei Bedarf automatisch. Wenn die Feuchtigkeit des Ackerbodens zu gering ist, beginnen Sprinkler, den Boden zu bewässern.

- Zu Hause steuern Thermostaten das ideale Klima in der Wohnung, abgestimmt auf die jeweiligen Bewohner und deren Vorlieben. Sie erkennen selbständig, wenn niemand zu Hause ist, und regeln die Temperatur.

- Pakete können dank Sensoren den Weg zum Empfänger besser finden. Der Lieferroboter oder die Drohne kann den Bestimmungsort so besser orten.

- Ihr mit Sensoren ausgestattetes Besteck registriert, ob Sie zu schnell essen. Sobald Sie Ihr Essen verschlingen, piepst oder vibriert zum Beispiel Ihr Messer und zeigt Ihnen sanft an, dass Sie wieder einmal zu rasch gegessen haben.

- Und das oft aufgeführte «berühmte» Beispiel des automatisierten Kühlschranks darf natürlich in diesem Buch nicht fehlen. Während der Fussballweltmeisterschaft sorgt Ihr Kühlschrank beim Bier immer für genügend Nachschub. Das können Sie natürlich auch für andere Getränke sinngemäss anwenden.

Obige Beispiele zeigen mehr oder weniger realistische Situationen auf. Was als sinnvoll beurteilt wird, entscheidet schliesslich nur der Markt. Alles, was sinnlos ist, wird wieder verschwinden. Das Beispiel mit dem automatischen Biernachschub mag vielleicht für den einen sinnlos sein, weil sie kein Bier trinken und sich aus Fussball nichts machen. Doch es gibt Millionen Fussballfans, die das vielleicht anders beurteilen. Als Blacksocks gegründet wurde, dachte ich selber auch, dass das die Welt nicht brauche. Ich wurde eines Besseren belehrt. Es gibt offensichtlich Leute, die schwarze Socken tragen und diese regelmässig im Abonnement beziehen möchten. Da ich selber heute türkise Socken trage und diese bei Bedarf online bestelle, bin ich einfach kein Kunde von Blacksocks. Das soll aber nicht heissen, dass es keine Leute mit genau diesem Bedürfnis gibt.

Der grösste Fehler bei neuen Trends ist, dass man diese aus seiner eigenen Betrachtungsweise beurteilt und ablehnt. Es gibt aber immer Andersdenkende.

Selbstfahrende Autos – Wie lange fahren Sie noch selber?

«Du Opa, dieses Bild habe ich in deinem Bilderarchiv in der Cloud bzw. Matrix gefunden. Was hast du damals denn gemacht? Das

Auto sieht ja übel aus», fragt Luca. Opa: «Luca, da hatte ich mit meinem damaligen Auto einen Unfall gehabt. Ich war schuld. Mit einem selbstfahrenden Auto wäre mir das bestimmt nicht passiert. Dann hätten die beiden Autos miteinander kommuniziert und den Unfall vermeiden können.» Darauf meint Luca: «Das ist ja krass, dass man früher solche Unfälle machen konnte. Das geht heute im Jahr 2030 nicht mehr.» Opa: «Ja, Luca, die Unfälle von früher vermisse ich natürlich auch nicht und geniesse die Sicherheit der heutigen Verkehrssysteme.»

Abbildung 5: Unfallwagen (Bildquelle: Jörg Eugster)

Im Internet der Dinge gibt es einen weiteren, weniger bekannten Begriff: M2M. Machine to Machine (M2M) steht für den automatisierten Informationsaustausch zwischen Endgeräten wie Maschinen, Automaten, Fahrzeugen oder Containern untereinander oder mit einer zentralen Leitstelle, zunehmend unter Nutzung des Internets und der verschiedenen Zugangsnetze wie dem Mobilfunknetz *(Quelle: https://de.wikipedia.org/wiki/Machine_to_Machine)*. Eine Anwendung von M2M sind selbstfahrende Autos.

Selbstfahrende Autos

Google hat wohl mit seinem Self Driving Car Project die Autoindustrie aufgerüttelt. Wieso baut eine Suchmaschine selbstfahrende Autos? Hier muss man erwähnen, dass Alphabet die Holding ist *(https://de.wikipedia.org/wiki/Alphabet_Inc.)*, zu der auch Google gehört. Früher hiess die Firma Google Inc. Die Firma wurde in eine Holding umstrukturiert, da Alphabet ja neben Google weitere Initiativen und Firmen besitzt. Nest, eine auf die Haussteuerung spezialisierte Firma, wurde zum Beispiel von Google 2014 übernommen.

Abbildung 6: Selbstfahrendes Google-Auto der ersten Generation (Self Driving Car Project) (Bildquelle: https://www.youtube.com/watch?v=CqSDWoAhvLU)

Aufruf der Videos:
- Variante 1: *https://eugster.info/uebermorgen/videos*
- Variante 2: Starten Sie die App Xtend und halten Sie Ihr Smartphone über das Bild. Sobald dieses von der App erkannt wird, wird auf Ihrem Smartphone das dazugehörende Video aufgerufen.

Im Self Driving Car Project haben gemäss Report vom November 2016 *(https://www.google.com/selfdrivingcar/reports/)* bereits 60 selbstfahrende Autos (24 Lexus SUV, 34 Google-Prototypen) über 2,3 Millionen Meilen (3,7 Millionen Kilometer) zurückgelegt. Gemäss Google sind auf diesen über 2 Millionen Meilen nur ganz wenige Unfälle passiert.

Zeitungsberichten zufolge war bei den meisten Unfällen nicht das Google-Auto schuld, sondern meist die Person im anderen Auto. Nur in einem Fall, im Frühjahr 2016, war das Google-Auto zum ersten Mal schuld bzw. seine Software *(http://www.zeit.de/mobilitaet/2016-03/google-auto-selbstfahrend-unfall-technik)*.

Update 3. Auflage 2019

Der Mutterkonzern von Google, Alphabet Inc., hat sein Self Driving Car Project Ende 2016 in die neue Tochtergesellschaft Waymo *(www.waymo.com)* überführt. Waymos Mission ist es weiterhin, selbstfahrende Autos zu entwickeln und so die Mobilität sicher und einfach zu machen, auch für Menschen, die selbst nicht fahren können.

Alle selbstfahrenden Autos von Waymo haben bis Ende 2018 mittlerweile rund 15 Millionen Kilometer zurückgelegt. Von Unfällen hört man weiterhin sehr wenig. Im Juni 2018 verursachte ein autonomes Waymo-Fahrzeug einen Unfall. Der Fehler lag allerdings nicht beim Auto, sondern am Begleitfahrer, der offenbar während der Fahrt eingeschlafen war. In einem anderen Fall, der auch im Jahr 2018 publik wurde, hat der Begleitfahrer eingegriffen und, statt einen Unfall zu verhindern, gleich selber einen verursacht.

Weltweit sterben jährlich rund 1,25 Millionen Menschen bei einem Verkehrsunfall. Das ist alle 25 Sekunden ein Mensch, der ums Leben kommt. Experten gehen davon aus, dass autonomes Fahren dies um mehr als 90 Prozent reduzieren könnte. Menschen zeigen auch hier ihre Ablehnung dem Neuen gegenüber, obwohl dies zur Verbesserung der Sicherheit beitragen wird. Falls es in der Zukunft wieder einmal zu einem Todesfall kommt, bei dem das Auto schuld ist, wird das durch die Medien aufgebauscht werden und Unsicherheit auslösen.

Waymo plante, ihren Dienst Waymo One um die Jahreswende 2018/19 mit selbstfahrenden Taxis kommerziell zu starten. Den Anfang für die autonomen Fahrzeuge macht dabei das bisherige Testgebiet im Grossraum Phoenix (USA). Zunächst wird noch ein menschlicher Sicherheitsfahrer die Taxifahrten weiterhin beaufsichtigen. Vermutlich wäre der nicht mehr notwendig, doch dient es dem guten Gefühl der Menschen oder der Argwohn Robotern gegenüber.

Im Video auf YouTube (vgl. nächste Abbildung) können Sie die selbstfahrenden Taxis von Waymo ansehen. Beim Fahrzeug handelt es sich um den Chrysler Pacifica Minivan.

Wie Sie bereits wissen, können Sie das Video auf der speziellen Seite *https://eugster.info/uebermorgen/videos* oder über die App Xtend ansehen (Erklärung am Anfang dieses Kapitels).

Abbildung 7: Selbstfahrendes Google-Auto (Testbetrieb in Phoenix USA, Bildquelle: Waymo, https://www.youtube.com/watch?v=aaOB-ErYq6Y)

Will die Welt selbstfahrende Autos?
Wenn man mit «Heavy Usern» von Autos diskutiert, dann stösst man oft auf Ablehnung. Die Leute wollen doch selber fahren und die Kontrolle über das Fahrzeug behalten. Aber: Ist es denn so spannend, im stockenden Verkehr oder Stau zu stecken? Und genau das passiert immer häufiger bei der Verkehrsdichte, die wir haben. Und wenn man übermüdet Opfer des Sekundenschlafs wird, ist das alles andere als sicherer. Neue Technologien bewegen die Leute: Die einen finden das genial, die anderen lehnen es ab.

Das selbstfahrende Auto wird sich durchsetzen, ob wir wollen oder nicht. Der Red Flag Act in England konnte mittelfristig das Aufkommen von Dampfwagen nicht einschränken *(https://de.wikipedia.org/wiki/Red_Flag_Act)*. Ebenso konnte ein Gesetz aus dem Jahr 1900, das die Fahrt von Autos auf allen Strassen im Schweizer Kanton Graubünden verbot, nicht verhindern, dass die Anzahl der Autos kontinuierlich stieg. 1925 wurde das Gesetz wieder abgeschafft *(https://de.wikipedia.org/wiki/Geschichte_des_Kantons_Graub%C3%BCnden#20._Jahrhundert)*.

Den Zusatznutzen, den selbstfahrende Elektroautos generieren können (Sicherheit, Bequemlichkeit, keine Staus, bessere Luftqualität etc.), habe ich in Kapitel 1 im *Verkehrsszenario 2030* aufgezeigt. Diese Vorteile werden dem neuen Verkehrskonzept der Zukunft zum Erfolg verhelfen.

Die Stufen im Automatisierungsgrad
Beim automatisierten Fahren gibt es gemäss dem Verband der deutschen Automobilindustrie VDA sechs Stufen *(www.vda.de)*:

Stufe 0 – Driver only: Das Fahrzeugsystem greift nicht aktiv ein (Spurverlassenswarner, Totwinkelüberwachung).

Stufe 1 – Assistiert: Das System übernimmt jeweils eine andere Funktion (Adaptive Cruise Control, Parklenkassistent, Spurhalteassistent).

Stufe 2 – Teilautomatisiert: Das System übernimmt Längs- und Querführung in einem speziellen Anwendungsfall (Parkmanöverassistent, Stauassistent, Schlüsselparken).

Stufe 3 – Hochautomatisiert: Das System übernimmt Längs- und Querführung in einem speziellen Anwendungsfall, erkennt Systemgrenzen und fordert den Fahrer zur Übernahme mit ausreichender Zeitreserve auf (Staufolgefahren/Fahren im Stau, Fahren auf der Autobahn).

Stufe 4 – Vollautomatisiert: Das System kann im spezifischen Anwendungsfall alle Situationen automatisch bewältigen (Valet Parking/Fahrerloses Parken, Fahren in der Stadt).

Stufe 5 – Fahrerlos: Das System kann während der Fahrt alle Situationen automatisch bewältigen. Kein Fahrer erforderlich.

Bis zur Stufe 5 ist es ein weiter Weg. Doch hat hier Google etwas angestossen, was nicht mehr zu stoppen ist. Eines Tages wird die Stufe 5 für uns etwas Alltägliches sein.

Der Trend – Software und Elektro

Beim Verkehrssystem der Zukunft kann man heute zwei klare Trends erkennen: Zum einen wird das Verkehrssystem immer mehr durch Software gelenkt und gesteuert. Auf der anderen Seite wird von der Autoindustrie sehr viel in neue Antriebstechnologien investiert.

Tesla

Ist ein Tesla Auto oder Software? Selbstverständlich ein Auto. Man könnte es aber auch als Software bezeichnen, um die herum man eine Autohülle gebaut hat. Dank Internet und Software weiss der Hersteller Tesla jederzeit, wo sich der Kunde aufhält, und kann im Supportfall ein Softwareupdate zur Verfügung stellen bzw. gleich installieren. Tesla hat den Elektroantrieb neu lanciert, sodass auch traditionelle Autobauer ihre Modelle an den Start gebracht haben oder noch bringen werden.

Kürzlich bekam ich den Newsletter von Tesla; obwohl ich selber (noch) keinen besitze, habe ich diesen abonniert. Darin wurde ich über ein Softwareupdate informiert. Also doch: Tesla ist Software.

UBER

Wenn Sie den Namen UBER hören, fällt Ihnen vermutlich spontan Taxiunternehmen ein. Doch UBER ist kein Taxiunternehmen. Es organisiert derzeit nur die Taxis in Hunderten, wenn nicht Tausenden Städten weltweit *(https://www.uber.com/de/cities/)*. Als ich Ende November 2016 nach Berlin zum FutureExpertDay flog, benötigte ich ein Taxi ins Hotel. So nutzte ich die UBER-App zum ersten Mal. Die App kannte meinen genauen Standort beim Taxistand. Der nächste Fahrer war Ömer mit einer Bewertung von 4,7. Ich sah auf der App, dass er in drei Minuten an meinem Standort ankommen würde. Ich musste ihm nicht erklären, wohin ich wollte, denn das hatte ich in der App schon erfasst. Er brachte mich also ins Hotel. Auf der Fahrt sah ich ständig, wo wir waren und wie lange die Fahrt voraussichtlich noch dauern würde. Im Hotel angekommen, musste ich nicht zahlen, denn das wurde über die App, inklusive des von mir festgelegten Trinkgeldes, von meiner Kreditkarte abgebucht. Das war ein tolles Kundenerlebnis.

Abbildung 8: UBER-App in Aktion
(Screenshot UBER-App von Jörg Eugster)

Doch was ist die Mission von UBER? «Make transportation as reliable as running water, everywhere, for everyone.» Wir machen den Transport so zuverlässig wie fliessendes Wasser, überall und für jedermann.

Selbstfahrender Lastwagen

Im Oktober 2016 hat ein selbstfahrender Lastwagen für Furore gesorgt. Der Lastwagen hatte 50 000 Bierdosen geladen und diese selbständig an den Bestimmungsort geführt. Die 200 Kilometer lange Strecke führte im Bundesstaat Colorado von Fort Collins nach Colorado Springs und auf dem Weg durch den dichtbesiedelten Grossraum von Denver.

Der LKW hatte Kameras und Sensoren an Bord. Zwei Kameras überwachten die Fahrspur, spezielle Lasersysteme erfassten die Umgebung in 3D und zwei Radarsensoren hielten nach möglichen Hindernissen auf der Strasse Ausschau. Kaum zu erwähnen ist, dass das Fahrzeug seine Position dank GPS jederzeit genau kannte.

Erwähnenswert hingegen ist, dass der Service von der Firma Otto durchgeführt wurde. Otto ist seit August 2016 eine Tochtergesellschaft von UBER *(http://www.manager-magazin.de/unternehmen/auto industrie/uber-will-autos-ohne-fahrer-und-kauft-otto-a-1108400.html)*.

Selbstfahrendes Postauto (Postbus)

Die Schweizer Postauto AG (Schweizer Post) will mit Partnern herausfinden, ob der Einsatz von autonom fahrenden Postautos möglich sei. Ist ein Shuttlebetrieb im öffentlichen Raum technisch sowie betrieblich machbar und bietet es einen Kundenmehrwert?

*Abbildung 9: Selbstfahrendes Postauto
(Bildquelle: postauto.ch)*

In der Innenstadt von Sion (Sitten, Wallis, Schweiz) findet seit August 2016 ein Testbetrieb statt. Das Projekt «SmartShuttle» besteht aus zwei autonom fahrenden Bussen. Diese sind auf einer Rundstrecke von ca. 1,5 Kilometern unterwegs *(https://www.postauto.ch/de/smartshuttle-fotogalerie)*.

Die Erläuterungen hier passen hervorragend zum später folgenden Kapitel:

Den Umsatz von morgen machen die Andersdenkenden von heute

Wie so oft sind es Branchenfremde, die für Innovationen sorgen. Google begann bereits 2009 mit der Entwicklung selbstfahrender Autos, Tesla setzt voll auf den Elektroantrieb und UBER organisierte die Art und Weise, wie wir eine Taxifahrt organisieren, dank einer App völlig neu.

Diesen drei Akteuren ist es zu verdanken, dass die etablierten Autobauer von diesen herausgefordert sind und ihre Forschung in neue Antriebs- und Steuertechnologien massiv verstärken mussten, um konkurrenzfähig zu bleiben.

Zwei Mobilitätskonzepte mit Zukunftspotenzial

Zwei Konzepte, die ich bei meiner Recherche gefunden habe, möchte ich Ihnen nicht vorenthalten.

- Connected Vehicle zeigt, wie der Verkehr dank der Vernetzung der Fahrzeuge und Verkehrsteilnehmer sicherer durchgeführt werden kann.

- NEXT Future Transportation zeigt, wie der öffentliche Nahverkehr in Zukunft organisiert werden könnte. Einzelne Fahrzeuge können zu einem längeren Fahrzeug dynamisch während der Fahrt zusammengeführt und bei Bedarf wieder getrennt werden.

Bitte schauen Sie sich dies in den folgenden Videos an. Wie Sie bereits wissen, können Sie diese über die spezielle Landingpage *https://eugster.info/uebermorgen/videos* oder über die App Xtend ansehen.

Connected Vehicle – The Future of Transportation

Abbildung 10: Connected Vehicle – The Future of Transportation (Bildquelle: https://www.youtube.com/watch?v=Q8Cn47L8FRQ)

NEXT Future Transportation

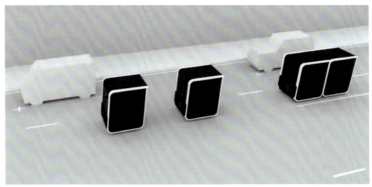

Abbildung 11: NEXT Future Transportation (Bildquelle: https://www.youtube.com/watch?v=igE2t92RnZc)

3. Digitale Megatrends – Die Zeitreise hat begonnen

Blick durch die Kristallkugel

Nicht nur Autos werden fahrerlos sein, sondern auch Flugzeuge und Busse. Bei Flugzeugen kann ich mir vorstellen, dass diese einen Ingenieur an Bord haben, der im Notfall eingreifen kann. Dieser muss auf Notfallsituationen geschult sein.

Bei Busfahrten braucht es ebenso keinen Fahrer mehr. Hier gibt es bestimmt auch Begleitpersonen, die den Leuten die Gegend erklären, wobei das auch von einem Roboter übernommen werden könnte. Dank dem Navigationssystem weiss das System ganz genau, wo man gerade durchfährt, und kann so Informationen zur Region an die Fahrgäste durchgeben. Wobei das auch eher antiquiert ist, denn jeder Fahrgast könnte das individuell tun, wenn er das möchte. Der Roboter könnte auch Witze erzählen, wie das heute Busfahrer auf Ausflugsfahrten ebenfalls oft tun. Das wäre bestimmt der beste Witzeerzähler aller Zeiten, denn ihm stehen alle Witze dieser Welt in der Cloud zur Verfügung. Und singen können Roboter heute schon. Die Frage ist höchstens, ob es im Jahr 2030 noch geführte Busfahrten geben wird, wenn wir jederzeit ein autonom fahrendes Fahrzeug nutzen können.

3D-Drucker – Wann drucken Sie Ihr Essen selber?

«Du Opa, hat man früher wirklich zu Besuch einen Blumenstrauss mitgebracht?», fragt Luca seinen Grossvater. «Ja, Luca, das war in der Tat so. Der Blumenstrauss war für die Gastgeberin und dem Gastgeber hat man eine Flasche Wein gebracht.» – «Opa, das war aber sehr unpersönlich. Heute im Jahr 2030 machen wir uns zu den Gastgebern unsere Gedanken, entwerfen ein Geschenk, laden es aus der Cloud und personalisieren es. Dann drucken wir es auf dem 3D-Drucker aus.» – «Weisst du Luca, früher war vieles eben anders», meint Opa.

Abbildung: 12 Blumenstrauss (Bildquelle: Jörg Eugster)

Vor ungefähr zehn Jahren habe ich das erste Mal von 3D-Druckern gehört. An einem Kongress behauptete ein Referent damals ernsthaft, man könne in Zukunft einmal sogar Häuser drucken. Ich hielt diese Aussage für völlig verrückt. Man kann Zeitungen drucken, aber doch nicht Häuser. Als Jahre später die ersten 3D-Drucker auf den Markt kamen, begann ich, die damalige Aussage zu verstehen.

3. Digitale Megatrends – Die Zeitreise hat begonnen

Heute wissen wir es besser. Man kann heute schon vieles und morgen schon fast alles drucken. Ein 3D-Drucker ist ein Drucker mit einem additiven Verfahren. Er druckt Schicht um Schicht, bis man ein dreidimensionales Modell vor sich hat.

2014 konnten wir in der Schweiz über ein Referendum abstimmen. Es ging um eine milliardenschwere Investition von 22 neuen Kampfjets. Der Schweizerische Bundesrat (entspricht in Deutschland den Ministern) begründete die hohe Investition unter anderem auch mit der langen Lebensdauer der Flugzeuge. Man müsse dafür 30 Jahre lang Ersatzteile bereithalten. Unsere Landesregierung war sich damals nicht bewusst, dass man Ersatzteile nicht herstellen und lagern muss, sondern dass man diese bei Bedarf ausdrucken kann. Fachleute bestätigen, dass gedruckte Teile für die Flugzeugindustrie sogar widerstandsfähiger seien als herkömmlich hergestellte.

Können wir Gegenstände schon bald «beamen»?

Das wird einen grossen Einfluss auf die Logistikkette haben, wenn man Produkte vor Ort herstellen kann. Ein eindrückliches Beispiel verdeutlicht das: Als die Internationale Space Station (ISS) 2014 ein Werkzeug benötigte, hat man quasi die Baupläne per Datenübertragung «hochgebeamt» und vor Ort ausgedruckt.

Astronaut Barry Eugene «Butch» Wilmore benötigte dringend eine Ratsche, eine Art Schraubenzieher. Früher mussten die Astronauten Wochen oder Monate auf den gewünschten Gegenstand warten. Nicht so im Dezember 2014: Die NASA übermittelte die entsprechende Bauanleitung direkt ins All. Denn in der ISS steht seit Ende September 2014 ein 3D-Drucker. Das Werkzeug konnte in nur vier Stunden ausgedruckt werden.

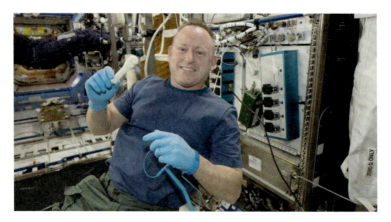

Abbildung 13: ISS-Kommander Barry Eugene «Butch» Wilmore hält die mit dem 3D-Drucker produzierte Ratsche in die Höhe. (Bildquelle: Photo courtesy of NASA, http://www.madeinspace.us/the-first-uplink-tool-made-in-space-is)

Wie weit weg sind wir vom «Beamen»?

Wir können Gegenstände scannen und ausmessen, ein digitales 3D-Modell erstellen und dieses per E-Mail oder Download übermitteln. Am Bestimmungsort können wir eine Kopie direkt vor Ort erstellen. Selbstverständlich ist das noch nicht beamen, wie wir das von Star Trek kennen. Doch ist es ein möglicher erster Schritt dazu? Bei meinem Modell des Beamens müsste man sich allerdings die Frage erlauben, was man nach der Herstellung der Kopie mit dem Original machen soll.

Weitere Beispiele mit 3D-Druckern

Druck von Autos

Local Motors aus Phoenix, Arizona, USA, hat 2014 das erste voll funktionsfähige Auto aus dem 3D-Drucker hergestellt. Zuerst musste die Anzahl der Komponenten von 20 000 auf 40 reduziert werden. Der Herstellungsprozess der 40 Komponenten dauerte 44 Stunden. Die Montage der Komponenten dauerte nochmals zwei Tage.

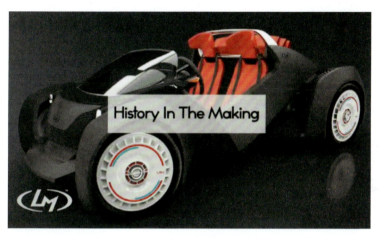

Abbildung 14: Auto aus dem 3D-Drucker (Quelle: https://www.trendexplorer.com/go/en/car_from_3d_printer_has_just_40_components/video)

Druck von Kleidern

Möglicherweise erscheint Ihnen das weniger relevant zu sein. Mag sein. Doch das folgende Video zeigt den Druck von Kleidern. *https://www.youtube.com/watch?v=MeRH_Lm8_1g*. Auch dieses Video können Sie sich auf der Landingpage aller Videos ansehen.

Druck in der Medizin

Sehr viel sinnvoller ist es, wenn man Gegenstände individuell, auf die jeweilige Person abgestimmt, herstellen kann. Prothesen oder medizinische Hilfen lassen sich heute schon drucken, wie das unten stehende Video aufzeigt.

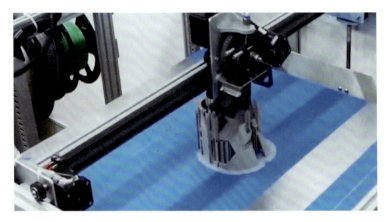

*Abbildung 15: Gips aus dem 3D-Drucker
(Bildquelle: https://www.youtube.com/watch?v=97kCgtRmPvk)*

Aufruf der Videos:
- Variante 1: *https://eugster.info/uebermorgen/videos*
- Variante 2: *Starten Sie die App Xtend und halten Sie Ihr Smartphone über das Bild. Sobald dieses von der App erkannt wird, wird auf Ihrem Smartphone das dazugehörende Video aufgerufen.*

Druck von Häusern

Der Druck von Behausungen gewinnt in Zeiten der Flüchtlingskrise und Erdbeben, wo man in kurzer Zeit Notunterkünfte bereitstellen muss, eine neue Bedeutung.

In China wurde bereits 2014 gezeigt, wie man ein Haus in zehn Stunden drucken kann. Selbstverständlich sind diese Drucker viel grösser. Interessant ist, dass man Bauschutt als Ausgangsmaterial für den Bau der Häuser verwendet hat: *https://www.youtube.com/watch?v=SObzNdyRTBs*.

In Italien wurde ebenfalls 2014 ein 12 Meter hoher 3D-Drucker vorgestellt, der Häuser aus Erde und Stroh drucken kann.

Abbildung 16: Haus aus dem 3D-Drucker
(Bildquelle: https://www.youtube.com/watch?v=7xb-hlA0DO8)

Druck von Essen

Wenn Sie ein «Trekkie» sind, also ein Fan der Serie Star Trek oder Raumschiff Enterprise, dann erinnern Sie sich bestimmt an die Szenen, wo sich Besatzungsmitglieder das Essen aus einem Automaten besorgten. Sie drückten einige Tasten, wie wir heute bei einem Kaffeeautomaten, und wenige Sekunden später wurde das dampfende Menü ausgegeben. Wäre doch super, wenn wir das auch könnten! Sie werden staunen, denn das geht heute schon weitgehend.

Smooth Food – Gutes Essen aus dem Drucker. In einem Beitrag in der Sendung «Einstein» des Schweizer Fernsehens wurde eine Alternative zu püriertem Essen in Seniorenheimen gezeigt. Traditionell wird das Essen für Personen mit Kau- und Schluckbeschwerden gekocht und püriert. Dank dem Einsatz eines 3D-Druckers lässt sich der Brei in eine appetitliche Form bringen.

Den Videobeitrag dazu finden Sie im nachstehenden Link: *https:// www.srf.ch/sendungen/einstein/energiewende-essen-aus-dem-drucker-cia-kamera-fuers-fernsehen*. Der Beitrag ist teilweise auf Schweizerdeutsch. Am Schluss meinte der Moderator, dass er vermutlich dereinst im Altersheim nicht mehr das Essen bestellen würde, sondern das «Gut zum Druck» erteilen würde. Bestimmt wird er recht bekommen.

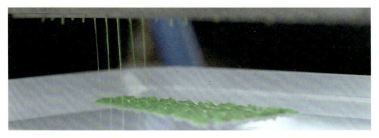

Abbildung 17: Essen (Smooth Food) aus dem 3D-Drucker
(Bildquelle: © Schweizer Radio und Fernsehen, Einstein vom 15.1.2015)

Pizza aus dem 3D-Drucker. An der CES (International Consumer Electronics Show) 2015 in Las Vegas zeigten zwei Amerikaner, wie sie eine Pizza im 3D-Drucker gedruckt haben.

Abbildung 18: Pizza aus dem 3D-Drucker
(Bildquelle: https://www.youtube.com/watch?v=MGxr3boyIus)

Barilla druckt Pasta. Barilla stellte 2016 den ersten offiziellen Prototypen ihres Pasta-3D-Druckers auf der CIBUS 2016 vor, einer Fachmesse der Nahrungsmittelbranche. Zwei Jahre zuvor hatte Barilla den Pasta-Designwettbewerb «PrintEat» lanciert.

Abbildung 19: Pasta aus dem 3D-Drucker
(Bildquelle: https://www.youtube.com/watch?v=oz6D1FXwuvA)

> Und wann drucken Sie Ihr erstes Essen?

Blick durch die Kristallkugel

Wir werden viele Gegenstände drucken und nicht mehr klassisch herstellen, sondern dann, wenn wir sie brauchen, also «on demand». Das hat einen grossen Einfluss auf die Wertschöpfungskette. Die Logistikkette kann auf den Kopf gestellt werden, wenn Produkte direkt am Bestimmungsort oder schon während der Fahrt ausgedruckt werden können.

3D-Druck während der Lieferung. Amazon hat 2015 dazu ein Patent mit folgendem Beschrieb eingereicht: «Providing Services Related to Item Delivery via 3D Manufacturing On Demand.» Amazon möchte also einen 3D-Drucker in einem Lastwagen zum Kunden fahren lassen, wo schon während der Fahrt der bestellte Gegenstand ausgedruckt wird. Darauf fährt der Lastwagen zum nächsten Empfänger, wo schon die nächste Bestellung wiederum während der Fahrt ausgedruckt wird.

Abbildung 20: Amazon patented 3D Printing Truck
(Bildquelle: https://www.youtube.com/watch?v=SkxKF2cxHgY)

> **Aufruf der Videos:**
> - Variante 1: *https://eugster.info/uebermorgen/videos*
> - Variante 2: Starten Sie die App Xtend und halten Sie Ihr Smartphone über das Bild. Sobald dieses von der App erkannt wird, wird auf Ihrem Smartphone das dazugehörende Video aufgerufen.

Drucken von menschlichen Organen. Nach Science-Fiction tönt es, wenn wir von «Organ Printing» hören, also dass man menschliche Organe drucken kann. 2016 war es erstmals möglich, Ohren und menschliche Haut zu drucken *(http://www.theverge.com/2016/2/15/10995730/3d-print-human-tissue-ear-muscles-bone)*. Gerade bei Verbrennungsunfällen sicher eine sinnvolle Anwendung.

Update 3. Auflage 2019

Am 1. Dezember 2017 zeigte der Beitrag «Zurich Heart – das perfekte Kunstherz» auf 3sat, wie Forscher an der ETH Zürich das erste Mal ein menschliches Herz gedruckt haben. Unglaublich, aber wahr. Dieses erste gedruckte Herz schlug im Labor allerdings nur gerade 3000 Schläge, was für eine zusätzliche Lebensdauer von 30 Minuten reichen würde *(Quelle: http://www.3sat.de/mediathek/?mode=play&obj=70443)*.

Doch das ist erst der Anfang einer wundervollen Entwicklung. Was als Revolution startet, wird als Evolution fortgesetzt. In einigen Jahren werden wir nicht mehr über eine zu tiefe Quote an Organspendern diskutieren müssen, sondern wir lassen uns ein massgeschneidertes Herz «on demand», also bei Bedarf, drucken.

Was vor wenigen Jahren noch Science-Fiction war, ist schon bald Realität.

Die Roboter kommen

«Du Opa, waren das eure ersten Roboter?», fragt Luca Opa. «Nein, Luca, das waren Radarfallen», antwortet Opa. «Radarfallen? Wozu waren denn diese?», fragt Luca abermals. «Wenn man zu schnell fuhr, wurde man geblitzt und bekam eine Busse bzw. Geldstrafe», antwortete Opa. «Aber Opa, heute im Jahr 2030 können wir doch nicht mehr zu schnell fahren», meint Luca. «Luca, du weisst ja, früher war eben vieles anders», antwortet Opa.

Abbildung 21: Radargerät (Bildquelle: Jörg Eugster)

Wenn Sie jetzt «Roboter» lesen, was für ein Bild entsteht in Ihrem Kopf? Vermutlich ein Bild eines Roboters wie aus Star Wars? R2-D2, der goldfarbene C-3PO oder ein Kampfroboter des Imperiums? Muss ein Roboter humanoide Züge tragen, oder darf er auch anders aussehen? Wie sieht Ihr Rasenmähroboter aus? Ganz bestimmt nicht humanoid. Oder Ihr Saugroboter im Swimmingpool oder in der Stube? In diesem Kapitel zeige ich Ihnen, wie weit der Entwicklungsstand der Roboter bereits ist. Roboter werden immer mehr einen festen Platz in unserem Leben einnehmen.

Atlas, der Vorzeigeroboter

Atlas zeigt im Video unten, wie weit die Technologie von humanoiden Robotern schon ist. Atlas geht durch den unebenen, mit Schnee bedeckten Waldboden, strauchelt beinahe mehrmals, kann sich aber immer wieder auffangen. Im Lagerhaus hebt er Schachteln an und verstaut diese am richtigen Ort. Sogar als ihn ein Angestellter zu ärgern versucht, indem er die bereitliegende Schachtel mit einem Hockeystock immer wieder von ihm weg bewegt, setzt der Roboter seine Aufgabe unermüdlich fort. Schliesslich kann man ja Roboter nicht ärgern. Das geht schlichtweg nicht. Als ihn der Mensch sogar mit einem Stock umschubst, steht er wieder auf und fährt mit der Arbeit fort. An dieser Stelle erwarte ich immer, dass er sein Laserschwert zieht und sich rächt. Doch nichts dergleichen passiert, weil ein Roboter keine Gefühle hat und nicht wie ein Mensch reagieren kann.

Abbildung 22: Roboter Atlas von Boston Dynamics
(Quelle: https://www.youtube.com/watch?v=rVlhMGQgDkY)

> **Aufruf der Videos:**
> - Variante 1: *https://eugster.info/uebermorgen/videos*
> - Variante 2: *Starten Sie die App Xtend und halten Sie Ihr Smartphone über das Bild. Sobald dieses von der App erkannt wird, wird auf Ihrem Smartphone das dazugehörende Video aufgerufen.*

Wissen Sie, wem Atlas gehört? Atlas wurde von Boston Dynamics entwickelt. Es gilt als eines der am weitesten fortgeschrittenen Robotik-Unternehmen der Welt. Ende 2013 wurde Boston Dynamics von Google übernommen, Google verkaufte es aber 2016 weiter an den japanischen Konzern Softbank, weil für Google keine vermarktbaren Produkte zu erwarten seien.

Amazon setzt Logistikroboter ein

Amazon kämpft immer wieder, vor allem während der Vorweihnachtszeit, gegen die Forderungen von Gewerkschaften, allen voran ver.di, der vereinten Dienstleistungsgewerkschaft. Es geht bei den Streiks und Demos um die Durchsetzung von sogenannten Tarifverträgen (GAV in der Schweiz). Amazon hat schon 2013 einfach kurzerhand Logistikroboter beschafft und setzt diese anstelle von vielen Menschen in ihren Logistikzentren ein *(http://t3n.de/news/amazon-ersetzt-mitarbeiter-504483/)*. Im nachstehenden Video sehen Sie diese im Einsatz.

Abbildung 23: Logistikroboter von Amazon
(Quelle: https://www.youtube.com/watch?v=tMpsMt7ETi8)

Amazon setzte gemäss Statista im Jahr 2017 bereits 120'000 solcher Roboter in seinen Logistikzentren ein. Amazon beschäftigte gleichzeitig aber auch 566'000 Menschen. Auf 5 Menschen kam 2017 ein Roboter. Zwei Jahre früher waren es noch 7 ½ Menschen auf einen Roboter. Das Verhältnis verschlechtert sich also zuungunsten der menschlichen Arbeitskräfte. Die Gewerkschaften möchten für die Arbeitnehmer einen Tarifvertrag (in der Schweiz

GAV) durchsetzen und machen mit Streiks Druck. Je mehr Druck die Gewerkschaften aufsetzen, desto mehr gehen Anbieter wie Amazon dazu über, die menschliche Arbeitskraft durch Roboter zu ersetzen. Daher sei die Frage erlaubt, ob es klug ist, vonseiten der Gewerkschaften zu viel Druck zu machen. Es könnte kontraproduktiv sein, wie obige Zahlen vermuten lassen.

Lieferroboter für Paketdienste

In Deutschland testen der Paketdienstleister Hermes und in der Schweiz die Schweizer Post erste Lieferroboter.

Abbildung 24: Lieferroboter von Starship
(Bildquelle: https://www.starship.xyz/press/images/)

Stellen Sie sich einmal vor, dass wir in den Städten und Dörfern immer häufiger solche Roboter statt des Postboten antreffen. In Australien liefert ein Pizzalieferdienst die Pizzas bereits mit ähnlichen Lieferrobotern aus.

Roboter im Einkaufszentrum

Sie kennen das bestimmt. Sie suchen im Einkaufszentrum ein Produkt und fragen sich beim Verkaufspersonal durch. Im Saturn-Markt in Ingolstadt zum Beispiel hat das ein Roboter übernommen. Sie fragen Paul, so heisst der Roboter, wo man Spiegelreflexkameras findet. Paul fährt vor Ihnen her, bis er Sie zu den Kameras geleitet hat.

Abbildung 25: Roboter Paul im Saturnmarkt in Ingolstadt
(Bildquelle: https://www.youtube.com/watch?v=ShbpBvJr0rk)

Gepäckroboter auf dem Genfer Flughafen
Seit Mai 2016 setzt man auf dem Genfer Flughafen Gepäckroboter ein, die den Gepäcktransport zum Beispiel vom Taxistand zum Check-in übernehmen.

Abbildung 26: Gepäckroboter im Flughafen Genf
(Bildquelle: https://www.youtube.com/watch?v=W3WaNHzE9SU)

Roboter übernehmen die Passkontrolle

Aufgrund einer Ausschreibung der Kantonspolizei Zürich und des Schweizer Grenzwachtkorps wurde öffentlich, dass im Frühjahr 2017 erste Maschinen in Betrieb gehen sollen, die die Passkontrolle übernehmen. Die «Roboter» heissen «Automated Border Control» (ABC), wobei man sich hier auch die kritische Frage gefallen lassen müsste, ob es sich hier um einen Roboter oder um einen Automaten handelt. Die Bezeichnung Roboter ist derzeit sehr «trendy» und in aller Munde.

Abbildung 27: Automatische Passkontrolle Flughafen Zürich
(Bildquelle: https://www.youtube.com/watch?v=eXz7dJlMA-Q)

Servicroboter im Altersheim

Roboter müssen aber nicht immer nur Lasten für uns schleppen, sondern können auch unterstützende Aufgaben erledigen. Bereits 2011 wurden im Stuttgarter Parkheim Berg zwei Serviceroboter, Care-O-bot 3 und Casero, testweise zur Unterstützung des Pflegepersonals eingesetzt. Casero übernimmt Transportaufgaben wie zum Beispiel den Transport von schmutziger Wäsche. Nachts wirkt er als Nachtwächter. Care-O-bot 3 übernimmt die Aufgabe, den Bewohnerinnen und Bewohnern Wasser zu bringen oder mit ihnen ein Liedchen zu singen.

Abbildung 28: Serviceroboter im Altersheim (Bildquelle: https://www.youtube.com/watch?v=nJj8wJg6jNM)

Aufruf der Videos:
- Variante 1: *https://eugster.info/uebermorgen/videos*
- Variante 2: Starten Sie die App Xtend und halten Sie Ihr Smartphone über das Bild. Sobald dieses von der App erkannt wird, wird auf Ihrem Smartphone das dazugehörende Video aufgerufen.

Die Reaktionen auf dieses Video sind bei meinen Vorträgen jeweils gemischt. Die einen finden das lustig, die anderen lehnen es ab. Doch angenommen, Sie wären in einem Altersheim und müssten wählen zwischen Betreuung durch einen Roboter oder keiner Betreuung. Wofür würden Sie sich entscheiden?

Kennen Sie Paro, die Robbe?
Ein weiteres Beispiel aus dem Pflegebereich liefere ich Ihnen hiermit. Kürzlich hielt ich in Linz, Oberösterreich, einen Vortrag zu diesem Thema. Ich besuchte dabei das wirklich sehr sehenswerte Ars Electronica Center. Dort machte ich Bekanntschaft mit Paro, der Robbe. Diese ist ein Roboter in Form einer Robbe und wird zu therapeutischen Zwecken eingesetzt *(https://de.wikipedia.org/wiki/Paro_(Roboter).*

Abbildung 29: Jörg Eugster mit Paro, der Robbe im Ars Electronica Center Linz (Bildquelle: Jörg Eugster)

Blick durch die Kristallkugel
Eine mögliche Vision wurde dieses Jahr von einem Bekannten genannt. Er meinte: «Meine Vision ist, dass die Roboter einmal unsere Arbeit machen werden und wir uns den sozialen Interaktionen widmen können.» Wenn ich mir die Entwicklungen so

ansehe, werden immer mehr Roboter unsere Aufgaben übernehmen. Das wird nicht über Nacht passieren, sondern sukzessive und kontinuierlich.

Drohnen – Runter kommen sie immer

«Du Opa, ich habe noch ein altes Bild von dir gefunden. Hat man Pizzas früher wirklich mit einem Roller ausgeliefert?», fragt Luca interessiert. «Ja, Luca, früher hat man Pizzas mit Autos, Rollern oder Fahrrädern ausgeliefert. Das war ganz normal», antwortet ihm Opa. «So komisch habt ihr gelebt, Opa? Heute im Jahr 2030 drucken wir entweder die Pizza direkt zu Hause mit dem 3D-Drucker oder lassen sie von einer Drohne liefern. Das ist doch viel schneller und die Pizza ist dann erst noch heiss, wenn sie aus dem Drucker oder per Drohne kommt», entgegnet Luca sichtlich entrüstet. «Luca, du weisst ja, früher war vieles anders als heute», antwortet ihm sein Grossvater abermals etwas belustigt.

Abbildung 30: Pizza-Lieferdienst (Bildquelle: Fotolia 70902950_L)

Lieferdrohnen

Als Amazon vor zwei Jahren ankündigte, man werde künftig Pakete per Drohne ausliefern, hielten das viele für einen Marketinggag. Doch aus dem Gag ist Wirklichkeit geworden bzw. wir stehen kurz davor ... wollte ich gerade schreiben. Doch ganz genau jetzt in dieser Minute erhalte ich die Meldung von einem Freund, dass heute, am 14. Dezember 2016, die erste Bestellung per Drohne in Grossbritannien ausgeliefert wurde.

Wie Sie sehen, ist ein Buch mit diesem Thema einfach zu schnell veraltet. Darum habe ich für dieses Projekt ja das «Social Open Book»-Konzept gewählt mit dem Prinzip «Online/Mobile First», wo dann das gedruckte Buch mit einiger zeitlicher Verzögerung hinterherhinkt.

Doch wieder zurück zu den Drohnen.

Im folgenden Demovideo von Amazon sehen Sie, wie die Auslieferung per Drohne erfolgt.

Abbildung 31: Lieferdrohne von Amazon
(Bildquelle: https://www.youtube.com/watch?v=MXo_d6tNWuY)

> **Aufruf der Videos:**
> - Variante 1: *https://eugster.info/uebermorgen/videos*
> - Variante 2: *Starten Sie die App Xtend und halten Sie Ihr Smartphone über das Bild. Sobald dieses von der App erkannt wird, wird auf Ihrem Smartphone das dazugehörende Video aufgerufen.*

Bei der ersten Auslieferung von Amazon per Drohne bekam ein Mann in Cambridge (UK) einen «Fire-TV»-Videostreaming-Stick und eine Tüte Popcorn innerhalb von nur 13 Minuten nach Abgabe der Bestellung ausgeliefert. Das Ziel von Amazon sei es, gemäss Amazon-Chef Jeff Bezos, später Hunderte von Kunden so zu bedienen.

Oft sind es solche Visionen oder Konzepte, die auch andere Anbieter befruchten oder gar beflügeln. Die Schweizer Post führt schon seit 2015 Tests mit Drohnen durch und wird das erste kommerzielle Angebot 2017 starten. Das erste Drohnenprojekt der Schweizer Post zielt auf Firmenkunden. Diese können eine ständige Shuttle-Verbindung in der Luft zwischen zwei Standorten wählen. Der Pilotbetrieb erfolgte im Kanton Tessin, wo Laborproben zwischen den Spitälern und Labors dank Drohnen schneller befördert werden können.

Drohnen bergen auch Gefahren

Drohnen bringen aber auch Gefahren mit sich, die man nicht vernachlässigen darf. Drohnen können zum Beispiel mit einer Bombe statt eines Pakets an Bord in ein voll besetztes Fussballstadion fliegen. Drohnen, die zu nahe an Flugrouten fliegen, können den Flugbetrieb beeinträchtigen. Dank Drohnen können Häftlingen unbewilligte Güter geliefert werden.

Drohnen können auch bei einem Skirennen herunterkommen, ganz nach dem Motto dieses Kapitels, «runter kommen sie immer. So geschehen bei einem Slalomlauf von Marcel Hirscher, der 2016 von einer herunterstürzenden Drohne fast getroffen worden wäre. Gut, fährt Marcel Hirscher so schnell Ski. Wäre er nur zwei Zehntelsekunden langsamer unterwegs gewesen, wäre er wohl getroffen worden.

Schauen Sie diese Szene bitte selber im nachstehenden Video an.

Abbildung 32: Marcel Hirscher fast von Drohne getroffen (Bildquelle: https://www.youtube.com/watch?v=jvjfwSKYxV4)

Gerade wegen solcher Vorkommnisse hat der Gesetzgeber Einschränkungen des Aktionsradius von Drohnen erlassen. Es gibt auch schon Abwehrdrohnen oder Abwehrsysteme gegen Drohnen. Gesetze nützen zum Beispiel bei Lieferungen in Gefängnisse wenig, denn diese «Kundschaft» hält sich ja weniger an Gesetze und Regeln als der Rest der Bevölkerung.

Update 3. Auflage 2019

Fliegende Drohnentaxis?
In diesem Bereich hat sich seit der Niederschrift der 1. Auflage vor zwei Jahren viel getan. Es wurden Konzepte angekündigt, aber noch nicht umgesetzt.

Airbus, die Firma, die Flugzeuge baut, hat sich zum Ziel gesetzt, Drohnentaxis zu bauen. Airbus hat auf dem Genfer Automobilsalon 2017 eine ungewöhnliche Mischung aus Auto, Drohne und Zug vorgestellt. PopUp, das Konzeptfahrzeug von Airbus und Italdesign, kann nebst Fahren und Fliegen auch mit Hyperloops kombiniert werden.

Der Hyperloop ist eine Idee von Elon Musk. Es ist ein Hochgeschwindigkeitstransportsystem, das Kapseln mit sehr hoher Geschwindigkeit auf Luftkissen durch eine Röhre im Vakuum befördern soll. Man soll damit Geschwindigkeiten von bis zu 1200 Kilometern pro Stunde erreichen. Im Jahr 2018 lag der Geschwindigkeitsrekord erst bei rund 450 Stundenkilometern.

Das Konzept PopUp von Airbus und Italdesign gehört noch zu den Visionen. Die Umsetzung dürfte nicht ganz einfach sein, denn es beinhaltet gleich drei Transportsysteme, die dann überall gleichermassen kompatibel sein müssten.

Gleich unten finden Sie ein Video dazu, das Sie über die Landingpage oder über die App Xtend aufrufen können.

3. Digitale Megatrends – Die Zeitreise hat begonnen

Abbildung 33: Konzeptwagen PopUp von Airbus/Italdesign (Bildquelle: Airbus/Italdesign, https://www.youtube.com/watch?v=L0hXsIrvdmw)

In Dubai wollte der chinesische Hersteller Ehang bereits im Juli 2017 selbstfliegende Taxidrohnen für den Personentransport einsetzen. Doch scheint die Realität der Vision hinterherzuhinken. Gemäss einem Blogartikel von Ehang vom 21. Juni 2018 *(http://www.ehang.com)* soll es weltweit zwischen 50 und 100 Firmen geben, die Passagierdrohnen entwickelten. Wer wird das Rennen als Erster gewinnen? Die Abbildung unten zeigt die Taxidrohne Ehang184 über Dubai im Einsatz (Fotomontage).

*Abbildung 34: Taxidrohne «ehang184» über Dubai
(Bildquelle: Ehang)*

Volocopter: Die Taxi-Drohne aus Deutschland

Definitiv weiter als die Vision von Airbus und Ehang ist Volocopter. Volocopter ist ein deutsches Start-up aus Bruchsal, das nordöstlich von Karlsruhe liegt. Die Volocopter GmbH baut bemannte, vollelektrische und sichere Senkrechtstarter. Volocopters Vision ist es, die zunehmenden Mobilitätsprobleme dieser Welt lösen zu helfen.

Kürzlich war ich an der Bits&Pretzels in München, einem Event für Start-ups mit vielen tollen Ideen und Visionen. Dabei durfte ich im Cockpit eines dort ausgestellten Volocopters Platz nehmen. Das war ein super Erlebnis. Siehe auch mein Bild gleich unten.

Die Leistungsmerkmale des Volocopters nach Angaben des Herstellers:

- Sicherheit: Der Volocopter 2X erfüllt strengste deutsche und internationale Sicherheitsstandards.

- Lärm: Dank modernsten Elektromotoren ist er unvergleichlich leise.

- Autonomes Fliegen: Der Volocopter 2X fliegt vollständig autonom oder kann kinderleicht per Joystick mit unterstützenden Assistenzsystemen gesteuert werden.

- Elektrischer Antriebsmotor: Der Volocopter braucht keinen Verbrennungsmotor und somit kein Benzin. Er hat keine direkten Emissionen, weil alles zu 100 Prozent elektrisch betrieben wird.

- Bereits in Betrieb: Volocopter ist der weltweit erste Multicopter mit einer Zulassung für bemannte Flüge.

Das Fluggerät sieht schon sehr futuristisch und cool aus, wie Sie auf der Abbildung unten erkennen können.

Abbildung 35: Volocopter an der Bits&Pretzels 2018 in München (Bildquelle: Jörg Eugster)

*Abbildung 36: Volocopter über New York
(Bildquelle: Volocopter © 2017 The Foreign Office Collective)*

Meine Recherchen beim Hersteller ergaben, dass Volocopter die Zulassung für Flüge mit Personen bekommt, jedoch noch nicht für kommerzielle Flüge erhalten hat.

Das scheint nur noch eine Frage der Zeit zu sein, bis wir an unserem Himmel die eine oder andere Taxidrohne im Einsatz sehen. Ich bin gespannt, welcher Hersteller und welche Technologie sich hier zuerst durchsetzen werden.

Blick durch die Kristallkugel

Drohnen werden bald zu unserem Leben wie Wasser und Strom gehören. Der Mensch möchte immer schneller beliefert werden, ob das Sinn macht oder nicht, bleibe dahingestellt. Die Lieferung eines Fire-TV-Sticks, wie das Beispiel von Amazon weiter oben zeigt, mag vielen vielleicht als verrückt erscheinen. Wenn aber ein Dorf wegen eines Unwetters oder Erdbebens von der Umwelt abgeschnitten ist, dann kann eine Lieferung von Esswaren, Wasser oder Medikamenten per Drohne zum Lebensretter werden. Und wenn Drohnen zum Beseitigen von Landminen eingesetzt werden, dann erkennen wir auch viele nützliche Dinge, die Drohnen übernehmen können, ohne den Menschen zu gefährden *(http://www.ingenieur.de/Fachbereiche/Robotik/Mine-Kafon-Drone-Diese-Drohne-beseitigt-Landminen)*.

Wir werden uns daran gewöhnen müssen, dass der Mensch alles sofort haben möchte, wenn er die Möglichkeit dazu hat. Früher war ja schon die Lieferung am nächsten Tag eine Sensation. Doch – Hand aufs Herz – machen Sie sich deswegen heute noch Gedanken darüber? Die Verstopfung der Strassen in den Innenstädten wird bestimmt auch die Herstellung von Drohnentaxis fördern. Doch glaube ich, dass diese eine Nische darstellen werden. Einerseits wird der Fahr- bzw. Flugpreis bestimmt nicht für jedermann erschwinglich sein, ähnlich wie bei einem Helikopter, und andererseits ist auch «da oben» nicht unbeschränkt Platz vorhanden.

Big Data – Zählen Sie noch oder handeln Sie schon?

«Du Opa, ich habe da ein Gerät in deinem Hardware-Archiv gefunden. Was konnte man mit einem solchen Ding tun?», fragt Luca seinen Grossvater neugierig. «Luca, das war mein allererster Taschenrechner, den ich zu Beginn meiner Sekundarschulzeit von meinen Eltern auf Weihnachten bekommen habe. Damit konnte man ... ganz einfach ... nur rechnen», antwortet Opa. «Nichts weiter als rechnen? Aber Opa, heute im Jahr 2030 sagen wir doch einfach, was wir rechnen wollen, und die Matrix oder das Smartphone sagt uns das Resultat», antwortet Luca ganz entrüstet. «Luca, wie du mittlerweile weisst, war früher eben vieles anders als heute. Meist komplizierter. Aber es gab auch viele Dinge, die schöner waren», antwortet Opa etwas amüsiert.

Abbildung 37: HP-Taschenrechner von Jörg Eugster aus dem Jahre 1973 (Bildquelle: Jörg Eugster)

Was bedeutet Big Data?

Wenn Sie das nächste Mal auf Amazon einkaufen und dort den Hinweis «Kunden, die das gekauft haben, haben auch das gekauft» sehen, dann war das schon eine Anwendung von Big Data. Google und Facebook wissen mehr über Sie als Ihr Lebenspartner, aber natürlich nur dann, wenn Sie den einen oder anderen Service nutzen. Der frühere Chef von Google, Eric Schmidt, sagte einmal sogar, dass Google schon wisse, was Sie machen, bevor Sie es selber wissen. Willkommen in der Welt der Auswertung der «Grossen Daten», der Big Data eben.

Unter Big Data versteht man die Gewinnung von entscheidungsrelevanten Erkenntnissen aus vielen Daten einer Vielzahl an

Informationsquellen. Bei Big Data sind vor allem die folgenden drei Aspekte charakteristisch:

- **Volume (Volumen):** Das Volumen der Daten nimmt ständig zu.
- **Variety (Vielfalt):** Die Vielfalt der Datenquellen wächst weiter.
- **Velocity (Geschwindigkeit):** Die Geschwindigkeit der Datengenerierung und Auswertung nimmt laufend zu.

Gemäss Carlo Marchesi von Microsoft kommen noch zwei weitere Aspekte hinzu, die mit einem V beginnen:

- **Veracity (Richtigkeit):** Die Daten müssen schliesslich auch den Tatsachen entsprechen.
- **Value (Wert):** Wenn die gesammelten Daten nicht gut sind, sind sie letztlich auch nichts wert.

Um diese grossen Mengen an Daten (Big Data) bewältigen und auswerten zu können, sind neue Technologien nötig.

Predictive Analytics. Mit der voraussagenden Analyse (predictive Analytics) werden in Rechnerclusters riesige Datenmengen automatisiert ausgewertet und daraus Muster abgeleitet. Mit diesen versucht man, Vorhersagen und damit Entscheide treffen zu können.

Strukturierte und unstrukturierte Daten. Strukturierte Daten lassen sich relativ leicht auswerten, da sie eben strukturiert in Datenbanken und Feldern gespeichert sind. Ein Beispiel dafür ist eine klassische Kundendatenbank mit Feldern wie Kunde, Adresse, PLZ, Ort, Telefonnummer, die genaue Definitionen haben, was in den Feldern zulässig ist und was nicht.

Unstrukturierte Daten gibt es in verschiedensten Quellen in diversen Formaten wie z. B. Textdateien (z. B. Word, PDF, HTML etc.), Bildern, Bewegtbildern (Video) oder Social Media, um nur die wichtigsten zu nennen. Diese unstrukturierten Daten haben den wesentlichsten Anteil am Datenwachstum. Sie sind wesentlich aufwendiger und komplexer auszuwerten, um daraus die richtigen Schlüsse zu ziehen.

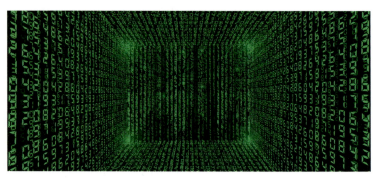

Abbildung 38: Big Data (Bildquelle: shutterstock_722889532)

Big Data wird unsere Gewohnheiten voraussagen können, könnte aber auch zur Beeinflussung missbraucht werden.

Blick durch die Kristallkugel
Dank Big Data wird Werbung für uns immer relevanter und treffender. Plattformen erkennen aufgrund unseres Verhaltens, was unsere Bedürfnisse von morgen sind. Dadurch bekommen wir immer personalisiertere und relevantere Angebote.

Amazon möchte dank Big Data sogar so weit gehen, dass sie die Lieferung schon vor der Bestellung errechnen können. Dafür haben sie ein Patent unter dem Namen «Anticipatory Shipping» (voraussichtlicher Versand) angemeldet. Das zeigt, wohin diese Reise gehen könnte.

Künstliche Intelligenz – Kann Intelligenz künstlich sein?

«Du Opa, ich habe gerade noch etwas in deinem Archiv gefunden. Langenscheidts Wörterbuch Deutsch-Englisch. Na so was?», bemerkt Luca etwas verwundert. Opa: «Luca, früher hatte man, wenn man eine Fremdsprache lernte, immer ein Wörterbuch zur Hand. Damit konnte man die Wörter nachschlagen, die man nicht verstand. Das war ganz normal.» – «Aber Opa, heute im Jahr 2030 können wir mit jemandem in der Matrix eine Videokonferenz abhalten. Und wenn der eine andere Sprache spricht, wird das unmittelbar simultan übersetzt», antwortet Luca. «Luca, das ist heute wirklich viel besser als früher. Auch ich schätze diese Entwicklungen sehr», antwortet ihm sein Grossvater.

Abbildung 39: Wörterbuch (Bildquelle: Fotolia 112874178_L)

Was ist künstliche Intelligenz?
Bei der künstlichen Intelligenz geht es um den Versuch, eine menschenähnliche Intelligenz abzubilden, wobei schon eine Definition von Intelligenz schwierig ist. Und nicht alle Menschen sind gleich intelligent. Bei der künstlichen Intelligenz (KI) oder auf Englisch Artificial Intelligence (AI) versucht man, Anwendungen oder Computer zu bauen, die Probleme eigenständig lösen können.

Es gibt Leute, die davor warnen, dass uns die Computer dank künstlicher Intelligenz schon bald einmal überlegen sein werden und gleich neue Computergenerationen bauen können. Auf der anderen Seite nehmen es andere gelassen und sagen, dass die KI noch bei Weitem nicht so weit ist und den Menschen niemals in Bezug auf die Intelligenz das Wasser werde reichen können.

Stephan Vogel, Kreativchef bei Ogilvy & Mather Deutschland, erklärte 2016, dass er sich erst dann Sorgen machen werde, wenn er über einen von Watson selbst erfundenen Witz Tränen lachen müsse *(http://www.horizont.net/tech/nachrichten/Die-Kampagne-vom-Bot-Macht-kuenstliche-Intelligenz-Kreative-bald-ueberfluessig-143308)*. Watson ist der Computer mit der künstlichen Intelligenz von IBM. Watson wird gleich in diesem Kapitel vorgestellt werden.

Die Entwicklung der KI geht eher evolutionär als revolutionär voran. Siri ist ein gutes Beispiel dafür. Die ersten Versuche waren noch zaghaft und haben zu vielen Lachern geführt. Wenn man zum Beispiel Siri gesagt hat, dass man sie liebe und sie dann darauf geantwortet hat, ob wir jetzt nicht besser weiterarbeiten sollen, dann führte das zu einem Schmunzeln.

3. Digitale Megatrends – Die Zeitreise hat begonnen

Die Entwicklung geht jedoch hier rasch vorwärts. Gerade bei den Apps für die Simultanübersetzung oder bei den Sprachassistenten (Smart Speaker) wie Amazon Echo (Alexa) oder Google Home, die wir im nächsten Kapitel vorstellen, kann man eine stete Entwicklung feststellen.

Die Abgrenzung der einzelnen Funktionen wie künstliche Intelligenz oder Bots ist nicht ganz einfach. Darum erlaube ich mir, dies in zwei verschiedenen Kapiteln zu besprechen. Nachfolgend finden Sie einige aktuelle Beispiele, die die künstliche Intelligenz praktisch und anschaulich demonstrieren.

Google Translate

An meinen Zukunftsvorträgen mache ich jeweils eine kleine Demonstration von Google Translate. Die meisten kennen das Programm dem Namen nach oder haben es schon selber genutzt. Meist nutzen sie es über die Tastatur. Dabei kann man dank Google Translate einfach ins Mikrofon sprechen, was die App in Text umsetzt, dann in die voreingestellte Ausgabesprache zuerst textlich und dann sprachlich übersetzt. Es wird gleich simultan übersetzt.

Stellen Sie sich vor, Sie stehen in einem fremden Land an einer Réception. Die Dame versteht leider weder deutsch noch englisch. Sie zücken Ihr Smartphone und fragen ganz freundlich, ob sie noch ein Zimmer für eine Nacht frei hätte. Der Satz wird gleich in Sprache umgewandelt und die Dame an der Réception versteht Sie. Super, werden Sie jetzt bestimmt sagen. Doch das haben wir schon seit einiger Zeit. Oftmals braucht es einfach etwas länger, bis die Leute solch tolle Dinge auch selber nutzen.

Skype Translate

Kennen Sie Skype? Dumme Frage, werden Sie jetzt denken. Das frage ich rein rhetorisch. Dann folgt meine Anschlussfrage: «Kennen Sie Skype Translate?» Stelle ich diese Frage an meinen Vorträgen, dann gibt es meist keine oder vielleicht ein, zwei Hände, die nach oben gehen.

Skype Translate funktioniert nach dem gleichen Prinzip wie Google Translate, nur mit dem Unterschied, dass Sie mit Skype ein Distanzgespräch führen. Doch bei diesem Gespräch wird gleich die gesprochene Sprache simultan übersetzt, als Text im Skypefenster rechts unten angezeigt und gleichzeitig auch als Sprache ausgegeben. Stellen Sie sich bitte wieder vor, Sie hätten ein Gespräch mit einer Person, die ein schwer verständliches Englisch spricht. Es muss dann eine Wohltat sein, wenn Sie sie plötzlich viel besser verstehen, weil sie in ihrer Muttersprache sprechen kann, und das Gespräch in Ihre Muttersprache übersetzt wird. Derzeit sind noch nicht alle Sprachen und Sprachkombinationen verfügbar. Das wird aber mit der Zeit kommen.

Im folgenden Video finden Sie eine Demo von Microsoft über Skype Translate. Zwei Schulklassen sprechen über Landesgrenzen hinweg. Die eine sitzt in den USA und die andere in Mexiko. Die beiden Sprachen werden unmittelbar simultan übersetzt. Das verbindet Länder mit unterschiedlichen Sprachen miteinander. Nicht einmal Donald Trumps Mauer zwischen den USA und Mexiko wird das verhindern können.

Abbildung 40: Skype Translate
(Quelle: https://www.youtube.com/watch?v=G87pHe6mP0I)

> **Aufruf der Videos:**
> - Variante 1: https://eugster.info/uebermorgen/videos
> - Variante 2: Starten Sie die App Xtend und halten Sie Ihr Smartphone über das Bild. Sobald dieses von der App erkannt wird, wird auf Ihrem Smartphone das dazugehörende Video aufgerufen.

Die beiden Beispiele, Google Translate und Skype Translate, zeigen eindrücklich auf, welchen Nutzen solche Programme stiften können. Sie helfen, das babylonische Sprachengewirr zu entwirren.

Manchmal berichten Leute von skurrilen und lustigen Übersetzungen. Das mag für heute stimmen. Doch wie weit werden wir damit 2030 sein? Auch wenn die Übersetzung vielleicht nicht über alle Zweifel erhaben ist, dann bin ich zum Beispiel an der Réception eines chinesischen Hotels auch mit einer schlechten Übersetzung von Google Translate immer noch besser bedient als mit gar keiner.

IBM Watson

Wo die künstliche Intelligenz heute schon steht, zeigt uns IBM mit seinem Projekt Watson auf.

Dem Vorläufer von Watson, Deep Blue, gelang es 1996 als erstem Computer, den damals amtierenden Schachweltmeister Garri Kasparow in einer Partie mit regulären Zeitkontrollen zu schlagen. 1997 gewann Deep Blue gegen Kasparow einen ganzen Wettkampf aus sechs Partien unter Turnierbedingungen.

Watson trat 2011 gegen die besten Jeopardy-Spieler an und gewann. Jeopardy ist eine Spielshow in den USA. Hier wird die Antwort vorgegeben und man muss als richtige Antwort die Frage korrekt nennen können. Ein Beispiel. Auf die Antwort «Rom» lautet die richtige Frage: «Wie heisst die Hauptstadt Italiens?»

Abbildung 41: Watson von IBM spielt Jeopardy
(Quelle: https://www.youtube.com/watch?v=P18EdAKuC1U)

Watson ist heute schon in der Lage, ein neues Rezept aufgrund einiger Zutaten zu kreieren. Schauen Sie mal in Ihren Kühlschrank, geben Sie das auf *https://www.ibm.com/blogs/watson/2016/01/chef-watson-has-arrived-and-is-ready-to-help-you-cook/* ein und schauen Sie, was dabei herauskommt. Als Hobbykoch habe ich das natürlich gleich ausprobiert, wobei ich anmerken möchte, dass ich gerade aus dem Grund koche, weil ich selber meine Kreativität ausleben kann. Dafür brauche keinen Computer wie Watson, der mir Vorschläge macht.

Und wenn wir das weiterdenken? Was alles könnten wir der künstlichen Intelligenz übergeben? Brauchen wir in Zukunft noch einen Hausarzt? Erinnern Sie sich noch an unser Leserexperiment aus Kapitel 2? Dahin könnte sich Watson vermutlich rasch entwickeln. Wer bei Jeopardy gegen die Besten gewinnt, kann auch gegen Hausärzte bestehen, weil er schlicht Zugriff auf das ganze medizinische Wissen dieser Welt hat.

Pepper, der japanische Roboter

Die Japaner sind verrückt nach Robotern. Es gibt Japaner, die behandeln ihre Roboter wie menschliche Familienmitglieder. Pepper ist ein Beispiel dafür. Er sieht einigermassen humanoid und sogar niedlich aus und ist darauf programmiert, Menschen anhand deren Mimik und Gestik zu analysieren. Auf diese Emotionszustände reagiert er entsprechend.

Pepper begrüsst bereits in vielen Einkaufszentren weltweit die Kunden, so wie es Paul im Saturn-Markt in Ingolstadt tut (siehe Kapitel *«Die Roboter kommen»*).

Abbildung 42: Roboter Pepper empfängt Kunden in einem Geschäft (Bildquelle: shutterstock_741219748)

Der Roboter als Bankberater für Hypotheken

Wenn Sie jetzt sagen, das ist ja niedlich, aber … Dann haben Sie natürlich recht, aber nur für den Moment. Wo könnte das hinführen?

Das nächste Beispiel zeigt einen kleinen Roboter mit dem Wissen eines Bankberaters mit Spezialgebiet Hypothekenfinanzierung, der sich den Fragen eines Kunden stellt. Es ist schon erstaunlich, wie gut der Roboter dank künstlicher Intelligenz auf die Fragen antwortet. Dieser Roboter stammt ebenfalls aus dem Forschungsprogramm Watson von IBM.

3. Digitale Megatrends – Die Zeitreise hat begonnen

Abbildung 43: Roboter gibt eine Hypothekenberatung (Quelle: https://www.youtube.com/watch?v=eBo5Xa61FAo)

Update 3. Auflage 2019

Roboterfrau Sophia

Als ich Sophia das erste Mal gesehen habe, war ich von ihr fasziniert und bin es heute noch. Sophia ist eine Roboterfrau, die von der Firma Hanson Robotics Ltd. aus Hongkong entwickelt wurde. Sophia sieht bereits sehr humanoid aus. Damit es zu keinen Verwechslungen kommt, hat man wohl absichtlich einen Teil des Kopfes frei gelassen, damit man erkennen kann, dass es sich bei Sophia um einen Roboter handelt. Auf YouTube habe ich einige Interviews mit Sophia gefunden. Einmal sah ich sie im Herbst 2018 sogar live an einer Veranstaltung in Zürich. Ihr wurden ungewöhnliche Fragen gestellt, die sie bestimmt noch nie vorher gehört hatte. Ihre Antworten gab sie mit einer kleinen zeitlichen Verzögerung, dann aber sehr flüssig.

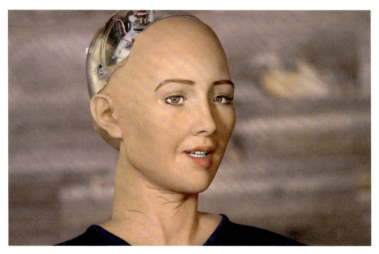

Abbildung 44: Roboterfrau Sophia
(Screenshot, Quelle: https://www.youtube.com/watch?v=W0_DPi0PmF0)

> *Dieses Video dürfen Sie auf keinen Fall auslassen. Es zeigt eindrücklich, wie weit die Technologie schon entwickelt ist. Das Video können Sie wie nun gewohnt über die Landingpage der Videos oder über die App Xtend abrufen.*

Lustig war das Date mit Will Smith, das am 29. März 2018 auf YouTube veröffentlicht wurde. Das sollten Sie sich unbedingt auch ansehen. Es ist wirklich sehenswert und amüsant zugleich. *(https://www.youtube.com/watch?v=Ml9v3wHLuWI)*

Aus urheberrechtlichen Gründen finden Sie dieses Video mit dem Date zwischen Will Smith und Sophia nur auf der Landingpage aller Videos, nicht aber über die App Xtend.

Blick durch die Kristallkugel
Die künstliche Intelligenz wird stetig ausgereifter. Mit den entsprechenden Systemen können wir uns einerseits von langweiligen Routineaufgaben befreien, aber dank Expertensystemen auch an Qualität bei Diagnose- und Prognosesystemen gewinnen. Alles, was sich auf FAQ-Niveau bewegt (Frequently Asked Questions = häufige Fragen), lässt sich zuerst und am schnellsten umsetzen.

Spracherkennung – Sprechen Sie schon mit Ihrem Computer oder tippen Sie noch?

«Du Opa, in deinem ‹IT-Museum› habe ich das hier gefunden. Was ist das denn?», fragt Luca seinen Grossvater etwas erstaunt. «Luca, das ist eine Tastatur mit einer Maus», antwortet Grossvater. «Tastatur? Maus?», hakt Luca nach. «Mit einer Tastatur hat man früher Texte geschrieben und mit der Maus hat man geklickt, wenn der Mauszeiger auf dem Bildschirm an der richtigen Stelle stand, um eine Aktion auszulösen», antwortet Opa. «Wie bitte, so umständlich musstet ihr früher den Computer bedienen?», entrüstet sich Luca. «Heute sprechen wir doch einfach mit dem Computer und der macht oder übersetzt, was wir wollen.» – «Äh ja, Luca, das war früher wirklich mega kompliziert. Zum Glück können wir heute im Jahr 2030 wirklich einfach nur sprechen, und es wird dank künstlicher Intelligenz gleich richtig umgesetzt», bemerkt sein Grossvater.

Abbildung 45: Tastatur und Maus (Bildquelle: Jörg Eugster)

Sprechende Computer waren früher noch Science-Fiction
Erinnern Sie sich an die Szenen bei Raumschiff Enterprise (Star Trek), als jeweils Captain James T. Kirk sagte: «Kirk an Computer: Eintrag ins Logbuch ...»? Kirk sprach damals mit dem Computer wie mit einem Menschen. Doch mussten wir nicht bis ins 23. Jahrhundert und auf Raumschiff Enterprise mit Captain Kirk warten, bis wir das selber so tun können. Mit Apps wie Siri oder dem Google Assistant können wir heute schon sprechen. Die Qualität ist schon auf einem hohen Stand.

Übrigens, wussten Sie, welcher der erste Computer überhaupt war, der sprechen konnte? Das war im Science-Fiction-Klassiker «2001 – Odyssee im Weltraum» der Computer HAL. Während des Fluges zum Jupiter verweigerte HAL plötzlich die Ausführung der Sprachbefehle, was dann in die Katastrophe führte. Zum Glück setzen wir heute Sprachbefehle nur für einfache Dinge und keine systemkritischen Prozesse ein.

Was wir hier zudem lernen, ist, dass wir heute mit unserer Technologie schon viel weiter sind als in den damaligen Science-Fiction-Filmen wie Star Trek. Und wenn wir die Communicators aus Star Trek heute mit unseren Smartphones vergleichen, dann müssen wir zwangsläufig über den «Elektronikschrott» aus der «Zukunft» schmunzeln.

Diktieren Sie Ihre Textnachrichten?

Bei meinen Vorträgen demonstriere ich jeweils die Sprachfähigkeiten meines Smartphones und diktiere eine E-Mail in einem Höllentempo. Das ist heute schon auf einem so hohen Stand, dass ich unterwegs meine E-Mails, SMS oder WhatsApp-Nachrichten ausschliesslich diktiere.

Man drückt dabei bei Androidgeräten auf das Mikrofonsymbol und schon gehts los. Man diktiert auch die Satzzeichen wie «Komma» oder «Punkt». Das System schreibt dann tatsächlich das gewünschte Zeichen.

Bitte kontrollieren Sie aber jede Nachricht, die Sie diktieren, bevor Sie diese verschicken. Mir passierte nämlich ein Malheur. Ich lag krank im Bett und schickte unserer Buchhalterin eine Nachricht mit folgendem Inhalt, den ich diktierte:

> *Liebe Gaby, komme heute nicht ins Büro, liege mit einer Grippe im Bett.*
>
> *Liebe Grüsse Jörg*

Die Fehlerkorrektur hat mir damals einen kleinen Strich durch die Rechnung gemacht. Die Nachricht wurde um nur ein einziges Zeichen verändert, aber mit einem lustigen Ergebnis:

> Liebe Gaby, komme heute nicht ins Büro, liege mit einer Gruppe im Bett.
>
> Liebe Grüsse Jörg

Diktieren Sie unbedingt Ihre Nachrichten – aber kontrollieren Sie diese, bevor Sie sie versenden.

Blick durch die Kristallkugel
Die Datenerfassung per Sprache wird sich immer mehr durchsetzen. In einigen Jahren werden wir unsere Computer und Smartphones ausschliesslich mit Sprachbefehlen steuern sowie Texte per Sprache erfassen.

Nur kann man leider nicht überall diktieren, wo man will. Erstens möchte man nicht, dass jeder im Tram oder Zug mithören kann, und zweitens möchte man ja auch nicht überall stören. Wenn man einmal mit Gedanken eine Textnachricht schreiben kann, sind wir auch hier ein gutes Stück weiter. Obwohl diese Technologie im Labor bereits in Entwicklung ist, dürfte sie sicher noch einige Jahre bis zur Marktreife brauchen.

Bots – Arbeiten Sie noch selber?

«Du Opa, ist es wahr, dass ihr früher alles selber organisiert habt, wenn ihr eine Reise machen wolltet?», fragt Luca seinen Grossvater. «Luca, früher ging man entweder ins Reisebüro, um sich eine Reise zusammenstellen zu lassen, oder man recherchierte selber im Internet die Flüge, die Hotels und Ausflugsmöglichkeiten», antwortet Opa. «Heute im Jahr 2030 machen das doch die Bots für uns, die uns inspirieren, beraten und dann gleich auch die Buchung für uns auslösen», bemerkt Luca. «Ja Luca, das ist wieder etwas, das wesentlich einfacher ist als früher», antwortet Opa. Luca: «Du Opa, ihr habt aber früher schon sehr umständlich gelebt, nicht wahr?»

Abbildung 46: Reise organisieren (Bildquelle: Fotolia 110427572_L)

Was ist ein Bot?
Das Wort Bot stammt eigentlich von Robot (Deutsch: Roboter) und ist nur eine Kurzform. Wenn wir aber das Wort Robot oder nur Bot hören, verstehen wir zwangsläufig etwas anderes. Bei einem Roboter stellen wir uns meist einen humanoiden Roboter

wie den Atlas von Boston Dynamics oder allenfalls einen Rasenmähroboter vor. Von einem Bot haben wir eine andere Vorstellung.

Ein Bot ist ein Computerprogramm, das wiederholende Aufgaben weitgehend automatisch abarbeitet und dabei nicht auf die Interaktion mit einer Person angewiesen ist.

Der vermutlich älteste und fleissigste Bot ist der von Google. Der wurde vom Suchmaschinenbetreiber schon 1998 auf die endlose Reise geschickt, das Internet zu durchforsten und die gefundenen Inhalte herunterzuladen, die anschliessend analysiert werden. Weitere Bots wurden für das Sammeln von E-Mail-Adressen losgeschickt.

In Sozialen Medien wie z. B. Twitter werden Social Bots eingesetzt, um Meldungen mehr Reichweite dank Retweets zu geben. Gerade im US-Wahlkampf 2016 Donald Trump gegen Hillary Clinton vermutete man den Einsatz von Bots für die Interessen von Trump. Gemäss der FAZ soll ein Viertel von Trumps Twitter-Gefolgschaft aus Fake-Accounts bestanden haben, und es gab sogar Trump-Bots, die vorspiegelten, für Latinos zu sprechen *(http://www.faz.net/aktuell/feuilleton/medien/wahlkampf-im-netz-donald-trumps-fans-ausmazedonien-14411442.html)*.

Chatbots und Messenger Bots
Immer populärer werden sogenannte Chatbots oder auch Messenger Bots. Facebook hat seinen Messenger für die Entwicklung von Bots geöffnet. Damit setzt Facebook allerdings keinen Standard, sondern folgt einem Trend aus Asien. Da sich die Nutzung stark auf mobile Apps verlagert hat, werden die Bots als neue Schnittstelle zum Kunden immer wichtiger.

Dank Chatbots oder Messenger Bots können wir schon bald mit Unternehmen unabhängig von deren Öffnungszeiten kommunizieren. Oder wir können dank den Bots die endlos scheinenden und nervigen Call-Center-Warteschleifen vermeiden. Messenger Bots sind auch aus Kostengründen sehr interessant, weil sie Aufgaben automatisiert übernehmen können. Und eine Entwicklung eines Bots ist überhaupt nicht aufwendig. Ich wurde Zeuge, als ein Referent in einem Vortrag live einen Bot entwickelt hat. Zugegeben, das war in der Funktionalität ein einfacher Bot, aber trotzdem zeigte das demonstrativ, wohin die Reise gehen könnte, wenn jeder mit geringem Aufwand solche Helfer entwickeln kann.

Asien ist in dieser Entwicklung schon weit voraus. In China ist nicht WhatsApp, sondern der Messenger weChat sehr populär. Dort bieten bereits heute Millionen von Shops ihre Produkte an, und man kann Informationen und Unterhaltung abrufen.

WhatsApp will sich demnächst für Unternehmen öffnen. Facebook stellt für die Entwicklung von Bots eine eigene Plattform, die Facebook-Messenger-Plattform, zur Verfügung. Wir dürfen in diesem Umfeld in Zukunft noch einiges erwarten.

Update 3. Auflage 2019

Unterschied zwischen Chatbots und Voice Assistants (Sprachassistenten)
Der grundsätzliche Unterschied ist, dass man mit Chatbots nur chatten und mit einem Sprachassistenten sprechen kann, so wie der Name schon vermuten lässt.

- Chatbots sind textbasierte Dialogsysteme, mit denen ein Nutzer interagieren kann, um sich zu informieren, Aufgaben auszuführen oder um sich zu unterhalten. Die im Kapitel 2 vorgestellte App Ada ist ein solcher Chatbot.

- Voice Assistants sind digitale Assistenten, die natürliche Sprache verstehen, verarbeiten und die generierten Antworten per Lautsprecher übermitteln können. Die gleich anschliessend vorgestellte Alexa von Amazon ist ein solcher Voice Assistant. Die Kategorie der Alexa wird auch als Sprachassistent oder Smart Speaker bezeichnet.

Amazon Echo (Alexa)

Amazon bietet mit Amazon Echo ein System an, das die Schnittstelle zum Computer und E-Commerce revolutionieren kann. Amazon Echo sieht aus wie ein kleiner Lautsprecher. Man kann in jedem Raum einen solchen aufstellen, wenn man möchte.

Man muss keinen Computer mehr starten, um eine Abfrage zu machen. Man sagt einfach «Alexa» und schon ist Amazon Echo auf Empfang und beantwortet Ihre Fragen. Am besten schauen Sie sich gleich das Demovideo auf YouTube an.

3. Digitale Megatrends – Die Zeitreise hat begonnen

Abbildung 47: Amazon Echo
(Quelle: https://www.youtube.com/watch?v=X2YpMbx1BAo)

> Dieses Video sollte man sich unbedingt ansehen. Es ist schwierig, die Funktionen verbal zu beschreiben.
>
> **Aufruf der Videos:**
> - Variante 1: https://eugster.info/uebermorgen/videos
>
> - Variante 2: Starten Sie die App Xtend und halten Sie Ihr Smartphone über das Bild. Sobald dieses von der App erkannt wird, wird auf Ihrem Smartphone das dazugehörende Video aufgerufen.

Wenn man weiss, wie viele Softwareentwickler alleine für Amazon Echo arbeiten, dann ist man sich der ungeheuren Bedeutung bewusst *(http://www.recode.net/2016/5/31/11825694/jeff-bezos-1000-people-amazon-echo-alexa)*.

> Nicht weniger als 1000 Entwickler arbeiten für Amazon Echo!

Google Home

Google geht in eine teilweise ähnliche Richtung, aber doch mit einigen Unterschieden.

Google bietet mit Google Home eine ähnliche Lautsprecherbox wie Amazon an. Google bietet aber die Technologie bereits heute auf jedem Smartphone, das unter Android läuft, an. Bisher hiess diese Technologie noch Google Now, wurde aber durch den Google-Assistenten abgelöst. Google brachte mit dem Pixel ein eigenes Smartphone auf den Markt. Dieses bietet als erstes Smartphone die neue App Google Assistant an.

Falls Sie über ein Android-Smartphone verfügen, können Sie das gleich selber testen. Sagen Sie einmal «OK Google». Selbstverständlich müssen Sie diese Funktion freigeschaltet haben. Google geht sofort in den Bereitschaftsmodus. Fragen Sie zum Beispiel, wie viele Einwohner Ihre Stadt hat oder welches der höchste Berg in Ihrem Land ist. Sie werden erstaunt sein. Wenn ich diese Funktion jeweils in einem Vortrag demonstriere, sind die Leute erstaunt, wie weit die Entwicklung heute schon ist.

Und Google geht mit Google Home und Google Assist schon einen Schritt weiter. Schauen Sie sich bitte das folgende Demovideo von Google an. Es ist in der Funktion sehr ähnlich wie das von Amazon Echo.

Letztlich müssen Sie sich entscheiden, in welchem IT-Ökosystem, sei es Android (Google), Apple, Amazon oder Microsoft, Sie diese Funktionen nutzen möchten.

Abbildung 48: Google Home
(Quelle: https://www.youtube.com/watch?v=5bYSX2C4aWc)

Update 3. Auflage 2019

2018 hat Google gezeigt, dass der Google Assistant bereits selbständig in der Lage ist, beim Friseur einen Termin zu vereinbaren. Schauen Sie sich dieses Video ebenfalls unbedingt an, denn es zeigt den Stand der Entwicklung. In einigen Jahren werden wir einen persönlichen Bot haben, der für uns Termine selbständig vereinbaren wird. Der Bot kennt ja Ihren Terminkalender und Ihre Vorlieben werden Sie ihm dereinst vorgeben, z.B. dass Sie den Termin für die Montage der Winterräder am liebsten ab Mitte November abends haben, oder vorher, wenn Schnee im Anzug ist.

Abbildung 49: Demo des Google Assistant, der den Friseurtermin selbständig vereinbart (https://www.youtube.com/watch?v=lXUQ-DdSDoE)

Sind wir gespannt, wohin diese Entwicklung führt. Sicher wird es für uns User immer einfacher werden. Wenn ich mir vorstelle, wie wir die ersten Homecomputer noch nutzen mussten. Wie war das doch damals noch mühsam!

Blick durch die Kristallkugel
Bots werden sich als kleine, nützliche Helfer auch bei uns im Westen rasch durchsetzen und die heutige Unternehmenskommunikation ergänzen. Boxen wie Amazon Echo oder Google Home werden schnell ihren Platz in den Privatwohnungen finden und dort zum festen Bestandteil werden. Gleichzeitig wird die Nutzung auf Desktop- und Notebookcomputern weiter abnehmen.

Die Cloud – Wo in der Wolke ist Ihr Zuhause?

«Du Opa, ich habe gerade nochmals etwas in deinem persönlichen Museum gefunden. Wofür war diese plastifizierte Box gut?», fragt Luca. «Ach, weisst du, Luca, das war eine USB-Harddisk. Darauf konnte man seine Daten speichern», antwortet ihm sein Grossvater. «Aber Opa, heute im Jahr 2030 wird doch einfach alles automatisch in der Cloud gespeichert, ohne dass wir etwas dafür machen müssen. Alles geht automatisch», entgegnet ihm Luca. «Das stimmt schon, Luca. Es gab eben ein Zeitalter vor der Cloud. Da speicherte man seine Daten auf einem lokalen Datenspeicher, meist einer Harddisk, ab, musste dann diese auf weitere Datenspeicher als sogenannten Back-up kopieren. Das machte man für den Fall, dass man auf dem lokalen Datenspeicher Daten irrtümlich löschte oder überschrieb», erklärt ihm sein Grossvater. Luca: «Du Opa, das war aber mega kompliziert, so wie ihr früher gearbeitet habt.»– «Ja Luca, früher war halt vieles anders», antwortet ihm abermals sein Grossvater.

Abbildung 50: USB-Harddisk (Quelle: Jörg Eugster)

ASP und SaaS sind Vorläufer der Cloud
Im Jahr 2004 hielt ich an der Hochschule Rapperswil Vorlesungen zum Thema E-Procurement und Application Service Providing (ASP). Zu diesem Thema hatte ich damals auch ein Booklet

geschrieben *(Eugster, Jörg, BPX-Verlag, 2002)*. Application Service Providing war ein eher neues Thema. Es ging damals darum, wie man Anwendungen als Service im Internet anbieten konnte. Später nannte man das Software-as-a-Service (SaaS). Heute nennen wir solche Services auch Cloudservices und -lösungen.

Ich stellte damals im vollbesetzten Vorlesungssaal die These auf, dass wir in rund zehn Jahren alle Daten und Applikationen im Internet verfügbar machen würden. Es kam beinahe zu tumultartigen Szenen. Viele Studierende lehnten meine These mit der Begründung auf unzureichende Infrastruktur wie zu tiefer Bandbreite oder zu geringer Rechenleistung und vor allem auf die Sicherheit ab. Oftmals berücksichtigt man die Entwicklung nicht. Auch heute, im Jahr 2019, sind wir noch nicht mit allen Daten oder Anwendungen in der Cloud, aber sehr viel weiter als damals. Die Bandbreite und Rechenleistung hat exponentiell zugenommen.

Auch bezüglich Sicherheit gibt es heute noch Vorbehalte. Gerade Finanzdienstleister wie Banken und Unternehmen in der Gesundheitsbranche stellen höchste Anforderungen an die Datensicherheit und haben damit auch Vorbehalte gegenüber Cloudlösungen. Trotzdem sollten Sie Ihre Prozesse hinterfragen, ob es nicht einen Anbieter von Cloudlösungen gibt, der Ihre heutige interne IT zumindest teilweise übernehmen und in der Cloud abwickeln könnte.

Selbstverständlich werden Sie hier mit hoher Wahrscheinlichkeit gegen Ihren CIO Sturm laufen. IT-Leute begründen diese Ablehnung oft mit der tieferen Sicherheit. Ich behaupte, dass das Gegenteil der Fall sein wird. Glauben Sie wirklich allen Ernstes, die Daten seien bei Ihnen sicherer als in der Cloud? Nachdem illoyale Mitarbeiter bei Schweizer Banken oder Liechtensteiner Treuhandunternehmen Daten auf Datenträgern ausser Haus geschafft hatten, um diese an deutsche Finanzämter zu verkaufen, glaube ich nicht mehr an diese Scheinsicherheit. Und als Edward Snowden selbst in der sicherlich unheimlich gut geschützten NSA ungeheure Datenmengen ins Ausland schaffen konnte, war es um die Glaubwürdigkeit der IT-Sicherheit vorbei. Nachdem seine gestohlenen Daten ausgewertet werden konnten, wussten wir zudem alle, dass unsere Daten nicht sicher sind, ausser wir schützen uns entsprechend.

Solange Sie selber aber täglich Dutzende oder Hunderte E-Mails unverschlüsselt mit sogar unverschlüsselten, teilweise vertraulichen, Anhängen verschicken, müssen Sie mir mit dem Sicherheitsargument nie mehr kommen.

Anbieter von Cloudlösungen
Was genau macht Amazon heute? «Dumme Frage», werden Sie jetzt sicher denken. Amazon ist heute viel mehr als ein Buchhändler. Neben Büchern verkauft Amazon über seinen Marktplatz praktisch alles. Es gibt aber auch etwas, das nur wenige wissen. Amazon verkauft auch Cloudlösungen. Amazon bzw. Jeff Bezos stellte schon vor Jahren fest, dass sie fürs Weihnachtsgeschäft die Computerleistung immer massiv hochfahren mussten. Diese Infrastruktur war übers ganze Jahr unausgelastet. So kam man bei Amazon auf die Idee, die unausgelastete Infrastruktur zu vermieten. Der Umsatz von Amazon Web Services (AWS) belief sich im 2. Quartal 2018 auf rund 6,1 Milliarden US-Dollar *(Quelle: statista.com)*.

Sie können hier alles mieten, was das «IT-Herz» begehrt: Rechnerleistung, Speicher, Datenbanken, Entwickler- und Verwaltungstools und, und, und. Schauen Sie doch selber online unter *https://aws.amazon.com* nach. AWS bietet auch Lösungen für das Internet der Dinge, Big Data und sogar künstliche Intelligenz an. Alle Leistungen zu beschreiben, würde wohl ein weiteres Buch ergeben. Das überlasse ich aber lieber jemand anderem.

Wichtig für Sie zu wissen ist, dass man die Leistungen «on demand» abrufen und aufstocken kann. Es gibt Zeiten, wo die Rechnerleistung in einem sehr begrenzten Zeitpunkt zur Verfügung stehen muss.

Der weltweite Markt für Public Cloud Services wird den Marktforschern von Gartner zufolge im Jahr 2018 um 21,4 Prozent wachsen und einen Umsatz von insgesamt 186,4 Milliarden US-Dollar erzielen. Die Cloud stellt also keine Nische mehr dar, sondern ist heute schon «Big Business». Wann sehen wir Sie in der Cloud?

Blick durch die Kristallkugel
Als ich im Jahr 2004 an einer Vorlesung die Aussage machte, dass wir in zehn Jahren alles in der Cloud speichern und die Rechnerleistung aus der Cloud beziehen würden, war ich wohl etwas sehr optimistisch. Aber die Welt geht in diese Richtung.

Wetten, dass Sie einen grossen Teil Ihrer IT-Leistung in zehn Jahren aus der Wolke beziehen werden? Ausnahmen mache ich nur für hochsensible Daten wie Gesundheits- oder Finanzdaten.

Die höhere Verfügbarkeit und Sicherheit «bezahlen» wir aber mit der grossen Abhängigkeit vom Cloudanbieter.

Im privaten Bereich nutzen wir heute ja schon viele Cloudservices wie E-Mail-Programme oder Social Media. Die Rechnerleistung wird sich immer mehr in die Cloud verlagern, sodass unsere Apps auf dem Smartphone nur noch die Darstellung der in der Cloud berechneten Daten übernehmen müssen. Das ist ein weiterer Trend in Richtung der Cloud.

Die Cloud wird so zum eigentlichen Computer, wo wir dann nur noch den Frontend wie Smartphone, Smartwatch oder Wearable in der Hosentasche tragen.

Wearables – Meine Skibrille ist auch ein Fernsehgerät

«Du Opa, da habe ich noch etwas in deinem Museum gefunden. War das eines dieser sagenumwobenen Handys? Was konnte man damit machen?», fragt Luca neugierig. «Luca, das war mein erstes Handy. Und erst noch eines von Nokia. Nokia war damals der Marktleader bei mobilen Telefongeräten», antwortet sein Grossvater. «Opa, was konnte man damit alles machen?», fragt Luca. «Ähm, man konnte damit telefonieren und Textnachrichten, sogenannte SMS, verschicken», meint sein Grossvater fast etwas verlegen. Luca: «Keine Apps? Nur telefonieren und Textnachrichten, habe ich wirklich richtig gehört, TEXT-Nachrichten? – «Ja Luca, früher war halt vieles anders, wie du schon weisst. Damit hast du ja bestimmt genügend Inhalt für deinen Vortrag», antwortet ihm abermals sein Grossvater belustigt. «So komisch Opa, gut, leben wir im Jahr 2030 und nicht mehr um die Jahrtausendwende», meint Luca entrüstet.

Abbildung 51: Nokia-Handy (Bildquelle: Jörg Eugster)

Wearables werden immer kleiner und unsichtbarer

Ein weiterer Trend geht in Richtung immer kleinerer und unsichtbarer Geräte, den sogenannten Wearables. Es gibt die unterschiedlichsten Devices (Geräte). Nicht alles macht aber auch Sinn, was auf den Markt kommt. Ob zum Beispiel die Einlagesohlen unbedingt eine Bluetooth-Verbindung zur App brauchen, um die Schritte zählen zu können, soll jeder selber beurteilen. Was aber keinen Nutzen generiert, wird wieder sang- und klanglos verschwinden.

Wearables oder wearable Computer sind tragbare Computer, die man am Körper oder in den Kleidern des Benutzers befestigen kann. Die hauptsächliche Tätigkeit des Benutzers ist nicht die Nutzung des Computers selbst, sondern eine unterstützte Tätigkeit in der realen Welt, wie zum Beispiel das Zählen von Schritten oder die Überwachung des eigenen Schlafs.

Erste solcher Wunderdinge der Miniaturisierung, noch keine Wearables aber, waren die ersten MP3-Player, wo man Hunderte Lieder speichern konnte. Apple hat mit dem iPod diese Geräte einfach nutzbar gemacht.

Später hat Apple mit dem iPhone einen weiteren Schritt in Richtung Miniaturisierung gemacht. Wer hätte sich das vorstellen können, dass wir in der Hosentasche einen ausgewachsenen Computer tragen werden. Der Computer in der Hosentasche hat heute die grössere Rechnerleistung als damals die besten Computer der Welt, die die Apollomission mit Mondlandung berechneten, steuerten und überwachten.

Generation HD
Das Smartphone hat aber – wie schon früher ausgeführt – eine neue Generation hervorgebracht, die Generation HD.

Abbildung 52: Generation HD (Bildquelle: Fotolia 121988775_XL)

Früher konnte man vorwiegend junge Leute zu dieser «Generation HD» zählen. Doch verhalten sich zunehmend auch ältere Semester mit Kopf nach unten, sobald sie ein Smartphone besitzen.

In einigen Jahren wird die Generation HD wieder der Vergangenheit angehören, denn dann werden wir keine Smartphones wie heute mehr haben. Darauf deuten viele Entwicklungen hin, die ich gleich anschliessend erklären werde.

Tracker

Tracker sind eine eigene Kategorie Kleinstcomputer, die man am Körper trägt. Es gibt Tracker, die messen die täglich gelaufenen Schritte oder wie gut und lange man geschlafen hat. Ich selber trage derzeit ein Xiaomi Mi Band 2, in türkiser Farbe selbstverständlich, und messe vor allem meine täglichen Schritte. In einem Jahr habe ich 5,2 Millionen Schritte zurückgelegt, was einer durchschnittlichen Tagesleistung von über 14 000 Schritten entspricht. «Und was bringt das?», werden Sie jetzt sicher denken.

Mein Tracker ist mein täglicher Begleiter, mein Fitnesscenter sozusagen. So ein Tracker kostet je nach Ausführung zwischen 20 und 200 Euro, also kein Vermögen. Bei mir halten die Dinger ein bis zwei Jahre. Leute, die einen Schrittzähler tragen, bewegen sich nachweislich mehr als Leute ohne. Das belegen Studien. Ich kann das bei mir selber beobachten. Oftmals mache ich einen Umweg oder gehe deswegen nach draussen, um auf mein Tagesziel von 10 000 Schritten zu kommen. So bewege ich mich ständig.

Mit dem Tracker könnte ich noch viel mehr aufzeichnen. Zum Beispiel wie lange und wie gut oder unruhig ich geschlafen habe. Das mache ich auch ab und zu. Ebenso misst der Tracker den Kalorienverbrauch. Hier könnte ich auch erfassen, was ich gegessen habe. Dann würde mir der Tracker klar aufzeigen, wie meine Kalorienbilanz aussieht. Doch das tue ich nicht. Das muss jeder für sich entscheiden.

Für mich ist der Tracker ein wichtiger Begleiter, damit ich mich genügend bewege. Gerade meldet sich mein türkisfarbener Tracker mit einem sanften Rütteln am Handgelenk und einem Symbol einer sich bewegenden Person, weil ich ja am Schreiben bin und im Moment keine Schritte mache. Trotz des Schreibens dieses Buches mache ich hier auf Gran Canaria ganz bewusst um die 15 000 Schritte, das alles dank meinem Tracker.

Selbstverständlich können Sie mit Sport-Trackern auch andere Sportarten «tracken». Wenn Sie lieber joggen, dann nichts wie los. Je nach Tracker zeigt es auf Google Maps die gelaufene Strecke an.

Abbildung 53: Wearables und Sport-Tracker (Bildquelle: Fotolia 122237657_L)

Smartwatch

Eine weitere Kategorie der Wearables kam in den letzten Jahren auf, die der Smartwatches. Bis dato haben diese Geräte den ganz grossen Durchbruch noch nicht schaffen können. Die Idee dahinter ist, dass man sein Smartphone in der Tasche lassen kann, während das Wichtige wie Anrufender, E-Mails oder Notifications, also Hinweise per Text, auf dem Bildschirm der Smartwatch angezeigt wird. Zusätzlich kann man diese fürs Ticketing nutzen. Im Weiteren kann man eine Antwort auf eine E-Mail oder SMS gleich in die Smartwatch diktieren, was schon ganz nützlich ist. Doch der Griff zum Smartphone, das man ja trotzdem noch mitführen muss, ist ja nicht viel weiter. Und seit Neustem kann man in Deutschland (in der Schweiz schon länger) mit der Apple Watch und Apple Pay gleich seinen Einkauf bezahlen.

Augmented-Reality-Brillen (Datenbrillen)
Google Glass. Obwohl Google selber sein 2013 auf den Markt gebrachtes Produkt Google Glass als Flop bezeichnet hat *(https://de.wikipedia.org/wiki/Google_Glass#cite_note-18)*, würde ich nicht so weit gehen. Mir geht es hier weniger um die Hard- und Software von Google Glass, sondern um das Konzept dahinter. Im Kapitel *«Augmented Reality»* komme ich nochmals darauf zurück.

Abbildung 54: Google Glass (Bildquelle: Jörg Eugster)

3. Digitale Megatrends – Die Zeitreise hat begonnen

Google Glass ist ein Wearable, das ganz bestimmt von einem anderen Anbieter eine Wiedergeburt erleben wird. Google Glass war eigentlich ein Handy, das einfach wie eine Brille aussah; vorne rechts in der Brille der Bildschirm und beim Ohr der Lautsprecher.

Einige User haben Google Glass ständig getragen und so eine Abwehrhaltung der Umwelt geradezu provoziert. Solche Personen wurden in den USA als «Glassholes» bezeichnet, eine Wortkombination aus Glass und Asshole (wenn Sie den Begriff nicht kennen, bitte ich Sie, dies in Google Translate selber nachzuschlagen).

Zweifelsohne macht es wenig Sinn, ständig eine Datenbrille wie Google Glass zu tragen. Man sieht ja dann aus wie ein Cyborg, also eine Mischung aus Mensch und Roboter. Zudem denkt das Gegenüber, was der wohl jetzt zusätzlich im Internet sieht, die letzten Partybilder auf Facebook oder Instagram? Darunter leidet natürlich die soziale Akzeptanz.

Auch ist es gefährlich, eine solche Datenbrille beim Autofahren zu tragen, obwohl man das Navigationssystem von Google Maps einblenden kann. Wenn Sie als Fussgänger in einer fremden Stadt unterwegs sind, würde die Navigation mit Google Maps auf Google Glass wohl Sinn machen, denn dann ist es weit weniger gefährlich.

Die Skibrille als Datenbrille. Erinnern Sie sich noch an die Skibrille im Beispiel mit dem Unfall von Michael Schumacher etwas weiter oben? Hier hätte das Internet der Dinge mit einer Datenbrille dank Augmented Reality den Unfall unter Umständen verhindern können. Doch so weit ist diese Technologie noch nicht ganz. Es gibt aber bereits erste Ansätze in diese Richtung.

Der Skiverbund Ski amadé *(www.skiamade.com)* bietet eine Skibrille, die zusätzliche Informationen zum Skigebiet wie Liftanlagen oder Verpflegungsmöglichkeiten direkt über die Brille abrufbar macht.

Abbildung 55: Skibrille mit Augmented Reality von Ski amadé (Copyright © Ski amadé)

Die nächste Abbildung zeigt einen Blick durch die Datenskibrille von Ski amadé, mit der man nützliche Informationen abrufen und in der Brille anzeigen lassen kann.

Abbildung 56: Sicht durch eine Skibrille mit Augmented Reality (Copyright © Ski amadé, Screenshot/Bildquelle: www.skiamade.com)

Blick durch die Kristallkugel

Wearables werden immer kleiner und unsichtbarer. Wir tragen diese immer unsichtbarer in Kleidern oder zum Beispiel einem Helm oder einer Datenbrille. Diese kleinen Helfer unterstützen uns im Alltag mit diversen Aufgaben. Und wenn wir sie dann sogar eines Tages implantieren werden, dann werden diese ganz unsichtbar.

Auch wenn gewisse Entwicklungen wie z. B. Google Glass gestoppt und als Flop bezeichnet wurden, bin ich sehr überzeugt, dass die Entwicklung weitergeht, wie das Beispiel von thyssenkrupp im nächsten Kapitel eindrücklich zeigt.

Augmented Reality – Wann erweitern Sie Ihre Wirklichkeit?

«Du Opa, in deinem Bilderarchiv ist mir ein Bild ins Auge gesprungen. Da steht eine Frau mit einer Tafel vor einem Stadttor. Sieht ziemlich mittelalterlich aus. Was macht die Frau da?», fragt Luca etwas erstaunt. «Luca, das war vor vielen Jahren in San Gimignano. Das ist in der Toskana in Italien. Eine wunderschöne Stadt. Das war eine Fremdenführerin, die eine Stadtführung mit Gästen durchgeführt hat», antwortet Opa. «Stadtführung? Das machen wir heute im Jahr 2030 doch dann, wenn wir eine Information benötigen und bekommen sie unmittelbar aus der Cloud», bemerkt Luca. «Luca, das ist so. Heute gibt es keine Fremdenführer mehr, eben gerade, weil wir die Informationen überall in unserer Muttersprache abrufen können, und das in Bild, Bewegtbild und Ton, so wie wir es gerne hätten», gibt Opa zu.

Abbildung 57: Stadtführung 1.0 (Bildquelle: Jörg Eugster)

3. Digitale Megatrends – Die Zeitreise hat begonnen

Hatten Sie schon einmal die Gelegenheit, eine Datenbrille mit Augmented-Reality-Funktion aufzusetzen? Dann verstehen Sie genau, was ich meine. Google Glass, als Beispiel einer Augmented-Reality-Brille, ist ein Aufsatz, den Sie wie eine Brille tragen können. Sie sehen im Bild unten den kleinen Bildschirm über dem rechten Auge. Durch diese Linse sehen Sie die zusätzlichen, erweiterten Informationen. Ein Beispiel von Google Glass haben wir im vorhergehenden Kapitel der «Wearables – Meine Skibrille ist auch ein Fernsehgerät» gezeigt.

Augmented Reality heisst erweiterte Realität. Man kürzt Augmented Reality übrigens mit AR ab.

Da man Augmented-Reality-Funktionen auch mit einer entsprechenden App realisieren kann und kein Wearable wie zum Beispiel eine Datenbrille braucht, habe ich diese beiden Themen in zwei unterschiedlichen Kapiteln untergebracht. Leichte Überschneidungen lassen sich leider nicht immer vermeiden.

Nachfolgend zeige ich Ihnen einige Beispiele, um das zu verdeutlichen.

Erweiterung eines Printkataloges

IKEA bot zu ihrem gedruckten Katalog 2013 eine AR-App an. Hielt man das Smartphone oder das Tablet über den Katalog, wurden am Bildschirm zusätzliche dreidimensionale Bilder mit Zusatzinformationen gezeigt. Der Katalog ist ja bekanntlich zweidimensional und nicht multimedial. Genau diesen Nachteil kann man mit einer App ausgleichen. Im nachfolgenden Video können Sie eine solche App gleich in einem praktischen Beispiel betrachten.

Abbildung 58: AR-App von IKEA zur Erweiterung des Printkataloges (Quelle: https://www.youtube.com/watch?v=6GSDtuqsQ24)

Update 3. Auflage 2019

An dieser Stelle darf ich Ihnen ganz stolz eine eigene Anwendung erwähnen, die Sie bis zu dieser Stelle im Buch bestimmt schon mehrere Male angewandt haben. Wenn Sie die App Xtend gestartet haben, müssen Sie nur Ihr Smartphone über das Bild halten und das dazugehörende Video wird sogleich gestartet.

Noch in der 1. Auflage fanden es Leser/-innen etwas mühsam, den Short-URL abzutippen, um sich das Video ansehen zu können. QR-Codes wären eine Alternative gewesen. Doch dank der Augmented-Reality-App Xtend wird die Usability sehr stark verbessert. Meine Vision ist es allerdings immer noch, dass man direkt aufs Bild klickt und das Video wird direkt im Buch gestartet. In einem E-Book ist das technisch wohl machbar, doch noch nicht mit heutigem Papier. Der Schritt mit der AR-App Xtend ist ein grosser Schritt in diese Richtung.

Falls Sie mehr über die App Xtend wissen möchten, finden Sie dazu Infos unter: www.augmentedreality.ch.

Das Schilthorn, der bekannte Schweizer Aussichtsberg im Berner Oberland mit einzigartiger Aussicht aufs Dreigestirn Eiger, Mönch und Jungfrau, bietet seinen Gästen ebenfalls eine AR-App an.

Wenn Sie schon einmal im Hochgebirge waren, dann wissen Sie, dass in den Bergen das Wetter sehr schnell umschlagen kann. So ist das meiner Frau und mir einmal genau auf dem Schilthorn passiert. Wir waren oben und fünf Minuten später haben wir wegen eines Unwetters überhaupt nichts mehr von der Berglandschaft gesehen. Eine Funktion dieser App ist, dass sie die Aussicht bei schönstem Wetter jederzeit zeigt. Sie drehen sich – egal bei welchem Wetter – um Ihre eigene Achse und sehen das Panorama bei schönstem Wetter.

Wenn Sie die Namen der Berge erfahren wollen, zeigen Sie mit der App in Richtung des betreffenden Berges, klicken mit dem Finger auf den Berg und schon wird die gewünschte Information in der App angezeigt (siehe Abbildung unten).

Abbildung 59: AR-App der Schilthornbahn (Quelle: www.enluf.ch)

Update 3. Auflage 2019

Im beruflichen Umfeld sehe ich ein grosses Potenzial für AR-Anwendungen. Statt dass man umständlich in einem Handbuch blättern muss, werden die relevanten Informationen direkt in der Brille angezeigt. Dies verdeutlicht das nachstehende Beispiel von thyssenkrupp.

Augmented Reality für Servicetechniker

thyssenkrupp setzt seit September 2016 bei seinem Aufzugsservice auf die Datenbrille HoloLens von Microsoft. Die HoloLens wird Servicetechniker des Aufzugbauers langfristig bei ihren Einsätzen unterstützen, um die Wartung effizienter zu gestalten und unnötige Umwege zu vermeiden. Sie ist bereits im neuen World Trade Center im Einsatz, wo thyssenkrupp Elevator die schnellsten Aufzüge der USA installiert hat und wartet. Ganz konkret heisst das, dass Mitarbeiter die relevanten Informationen direkt in die Brille eingeblendet bekommen und so nicht mehr im Wartungshandbuch nachsehen müssen. Das spart Zeit.

In der untenstehenden Abbildung sehen Sie, wie der Servicetechniker die Informationen im Sichtfeld der HoloLens eingeblendet erhält und mit einer Wischbewegung mit der Hand die nötigen Informationen abrufen kann.

Abbildung 60: Einsatz von Augmented Reality durch einen Servicetechniker (Bildquelle: www.thyssenkrupp.com)

Weitere Anwendungsmöglichkeiten sind:

Stadtführung mit einer AR-Brille
Man sieht durch die Brille Points of Interest (POI) und kann Informationen zu diesen POI abrufen.

Abbildung 61: Stadtführung 2.0 dank Augmented Reality
(Bildquelle: Fotolia 126916625_XL)

Augmented Reality im Rohbau
Als Architekt möchten Sie den Bauherrn auf der Baustelle einen ersten Eindruck verschaffen. Sie setzen sich eine AR-Brille auf und sehen plötzlich durch die Brille Wände, die erst im Plan, aber im Rohbau noch gar nicht vorhanden sind. So kann man den Laien einen dreidimensionalen Eindruck des fertigen Bauobjekts viel besser näherbringen.

Einkaufen mit Augmented Reality

Eine weitere Möglichkeit, wie wir Augmented-Reality-Anwendungen nutzen können, wäre im Supermarkt.

Stellen Sie sich vor, Sie betreten mit einer aufgesetzten Datenbrille Ihren Supermarkt und werden persönlich über die App begrüsst: «Hallo Jörg, schön, dass du wieder bei uns bist.» Die Begrüssung können Sie selber bestimmen, ob Sie lieber geduzt oder gesiezt werden wollen. Der App ist Ihre Einkaufsliste schon bekannt. Dank Instore-Navigation müssen Sie Ihre Produkte nicht mehr finden, sondern werden gleich zu ihnen geführt. Instore-Navigation funktioniert wie ein Navigationsgerät auf der Strasse, hier einfach im Store, deshalb der Name Instore. Sie müssen keine Verkäuferin mehr fragen, wo dies oder jenes sich befindet. Wenn Sie Informationen zu einem Produkt benötigen, können Sie diese gleich abrufen.

Abbildung 62: The Future of Grocery Shopping by Google. Entering the shop. (Quelle: https://www.youtube.com/watch?v=TkfF-WGUisw)

Ist Ihnen auch schon passiert, dass Sie im Supermarkt standen und nicht mehr ganz genau wussten, welche Sorte Joghurt Sie mit nach Hause bringen sollen? Dank Handy konnten Sie kurz zu Hause anrufen. Mit der Datenbrille können Sie den Blick auf das Gestell mit den Joghurts für zu Hause freigeben. Zu Hause sehen sie dann genau dasselbe wie Sie.

Der Checkout-Prozess geht völlig ohne Kassiererin oder Kasse vonstatten. Da die Produkte bei der Platzierung in den Warenkorb bereits registriert wurden, ist ein Scannen der Produkte nicht mehr nötig. Allfällige Gutscheine werden direkt aus der Cloud abgebucht und beim Verlassen müssen Sie per Sprachbefehl nur die Freigabe des Betrages bestätigen. Fertig eingekauft.

Das gerade beschriebene Szenario können Sie im unten stehenden Demovideo von Google mitverfolgen, wie der Supermarkteinkauf in Zukunft stattfinden könnte. Sehr wahrscheinlich aber nicht mehr mit Google Glass, da diese ja von Google aus dem Verkehr gezogen wurde.

Trotzdem zeigt es die Möglichkeiten mit Augmented Reality eindrücklich. Ich bin überzeugt, dass ein solches Szenario irgendwann mit einer anderen AR-App möglich sein wird. Warten wir es doch einfach ab.

Bitte schauen Sie sich das Video mit Google Glass «The Future of Grocery Shopping» selber an.

3. Digitale Megatrends – Die Zeitreise hat begonnen

Abbildung 63: The Future of Grocery Shopping by Google. Screensharing. (Quelle: https://www.youtube.com/watch?v=TkfF-WGUisw)

Wenn Sie eine coole Anwendung für Augmented Reality sehen möchten, dann empfehle ich Ihnen dieses Video über die AR-App Xtend oder über die Landingpage.

Gehts noch einfacher? Ja, es geht. Dazu mehr im Kapitel «E-Commerce, quo vadis? – Wie kaufen wir in Zukunft ein?» und Amazon.

Blick durch die Kristallkugel

Augmented Reality bietet gerade im beruflichen Umfeld und der beruflichen Weiterbildung enormes Potenzial. Ich bin überzeugt, dass wir unsere Umwelt immer mehr in ganz bestimmten Anwendungen durch eine Datenbrille betrachten können und dadurch eine sinnvolle und relevante Erweiterung zu sehen bekommen.

Dies wird situativ und nicht ständig erfolgen. Oder wollen Sie ständig mit einer Datenbrille herumlaufen und argwöhnisch betrachtet werden? Doch was, wenn man die Datenbrille nicht mehr sehen kann? Google und Novartis forschen an einer Linse, die den Zuckergehalt messen kann. Eine App meldet dem Träger der Linse, wenn er in eine Unterzuckerung hineinläuft, damit er diese rechtzeitig vermeiden kann. Das ist doch eine sinnvolle Anwendung, vor allem dann, wenn Sie selber Diabetiker sind.

Samsung arbeitet bereits an einer Kamera-Kontaktlinse, wie ich dem unten stehenden Bericht der Tageszeitung «20 Minuten» entnehmen konnte.

Abbildung 64: Kamera-Kontaktlinse von Samsung
(Quelle: https://www.20min.ch/digital/dossier/samsung/story/17557494
Bildquelle: Flickr/Niek Beck/CC BY 2.0)

Mit einer solchen Hardware der Kontakt-Kameralinse könnte das Szenario von Google Glass plötzlich eine Renaissance erleben, aber ohne Datenbrille, sondern mit einer Linse. Falls sie nicht oder kaum erkennbar ist, dann können Sie sozusagen «inkognito» zusätzliche, erweiterte Informationen abrufen.

3. Digitale Megatrends – Die Zeitreise hat begonnen

Auch wenn Sie das selber ablehnen, glauben Sie mir, es wird immer Leute geben, die so etwas als Erste mitmachen wollen. Diese Early Adaptors können einen solchen Trend wieder aufleben lassen.

Virtual Reality – In welcher Realität leben Sie?

«Du Opa, hat man früher Museen wirklich noch selber vor Ort besucht?», fragt Luca. «Ja Luca, das war die normale Art, etwas zu besuchen. Ausstellungen, Museen oder andere kulturelle Einrichtungen hat man vor Ort angeschaut. Man musste eine Reise dorthin planen und hat dann das Museum besucht. Meist musste man sich vorher anmelden, damit man an einer Führung teilnehmen konnte», antwortet Opa. «Na so was. Heute im Jahr 2030 können wir in der Matrix ein Museum ohne Aufwand besuchen. Meist sind die für mich aber so langweilig, sodass ich dann gleich wieder abbreche. Gähn!», bemerkt Luca gelangweilt. «Luca, ich schätze es auch, wenn mir jemand eine Ausstellung empfiehlt, dass ich heute nicht mehr dorthin reisen muss, sondern das bequem hier zu Hause live ansehen kann», entgegnet sein Grossvater.

Abbildung 65: Uffizien Florenz (Bildquelle: Jörg Eugster)

Ist Virtual Reality das nächste grosse Ding?

Als Facebook im März 2014 die Firma Oculus Rift für rund 2,3 Milliarden US-Dollar übernahm, staunte die Fachwelt. Der Deal ging fast etwas unter, weil Facebook nur einen Monat früher den Mitbewerber der Messenger-App WhatsApp für 19 Milliarden US-Dollar gekauft hatte. Mark Zuckerberg bezeichnet Virtual Reality als das nächste grosse Ding.

Hatten Sie schon einmal die Gelegenheit, eine VR-Brille zu testen? Virtual Reality wird mit VR abgekürzt. Die VR-Brillen, die wie Taucherbrillen aussehen, werden auch als Head-Mounted Displays (HMD) bezeichnet.

Abbildung 66: Virtual-Reality-Brille von Oculus Rift
(Bildquelle: Jörg Eugster)

Head-Mounted Displays

Neben Oculus Rift bieten Samsung und HTC VR-Produkte an, aber auch Google mischt bei diesem Markt kräftig mit.

Google Cardboard. Die einfachste Art einer VR-Brille brachte Google mit Cardboard auf den Markt. Mit etwas Pappe in der richtigen Form zusammengefaltet, hat man schon eine VR-Brille. Wenn man auf das Smartphone eine VR-App herunterlädt, ist man im Nu dafür bereit und kann mit Virtual Reality beginnen. Einfacher gehts kaum noch.

Abbildung 67: Google Cardboard (Bildquelle: feedproxy.google.com)

Samsung Gear VR. Samsung ist schon seit einiger Zeit im VR-Markt aktiv und setzt auf ein ähnliches Konzept wie Google Cardboard. Man benötigt eine VR-Brille von Samsung, die Gear VR, und ein Galaxy-Smartphone von Samsung. Samsung versucht damit, seine VR-Brille Gear als aufwendigere Alternative zu Google Cardboard zu etablieren. Samsung Gear VR funktioniert allerdings nur mit den eigenen Smartphones aus der Galaxy-Reihe.

Abbildung 68: Samsung Gear VR
(Bildquelle: http://www.samsung.com/de/gear-vr)

Google «Daydream View». Google hat 2016 mit «Daydream View» den Nachfolger von Cardboard angekündigt. Mit «Daydream View» lanciert Google eine qualitativ hochstehende Plattform für Android. In erster Linie ist «Daydream View» auf die im Jahr 2016 angekündigten Google-Smartphones Pixel abgestimmt. Google ist aber – im Gegensatz zu Samsung – auch für andere Hardwareanbieter offen und nennt das ein «Daydream-ready phone». Das bedeutet, dass das Smartphone mit «Daydream View» verwendet werden kann. Unter der folgenden URL finden Sie die Smartphones, die mit der «Daydream View» betrieben werden können: https://vr.google.com/daydream/smartphonevr/phones/

Abbildung 69: Google «Daydream View» (Quelle: Google)

Der Einsatz von VR-Brillen
Die Einsatzmöglichkeiten bei Virtual Reality sind sehr vielfältig. Sie reichen von 360-Grad-Bildern über virtuelle Besichtigungen bis zum VR-Shop.

360-Grad-Bilder. Die 360-Grad-Bilder liegen voll im Trend und stellen den einfachsten Schritt in die virtuelle Realität dar. 360-Grad-Kameras bekommt man heute für wenig Geld. Mit 100 bis 400 Euro ist man schon dabei. Neuste Smartphones wie zum Beispiel das Pixel von Google haben die Funktionalität für die Erstellung von 360-Grad-Bildern bereits.

Damit erstellen Sie diese Rundumbilder, die Sie dann auf alle Seiten und nach oben und unten bewegen können.

Virtuelle Wohnungsbesichtigung

Solche Bilder werden zunehmend auf Hotel- oder Immobilien-Websites verwendet. Ein Rundumbild zeigt mehr von einem Raum als nur ein einfaches Bild. Ein exemplarisches Beispiel dazu habe ich bei einem Schweizer Anbieter gefunden, der für seine Kunden solche Bilder und VR-ähnliche Anwendungen erstellt.

Abbildung 70: Virtuelle Besichtigung mit 360-Grad-Bildern (Screenshot/ Bildquelle: https://www.3dprojekt.ch/virtuelle_wohnungstour/ohlagovista-ost)

Update 3. Auflage 2019

Roomtour.ch hat sich auf die Konzeption und Umsetzung von virtuellen und interaktiven Rundgängen spezialisiert. Erleben Sie selbst einmal, wie sich eine solche virtuelle Begehung «anfühlt», indem Sie gleich die folgende Seite aufrufen: https://my.roomtour.ch/show/immobilien.

Als Alternative können Sie das Demovideo unten ansehen, das Sie durch die Wohnung führt. Spätestens an dieser Stelle wissen Sie, dass Sie das Video dank der AR-App Xtend direkt auf dem Smartphone betrachten können.

*Abbildung 71: Virtuelle Raumbesichtigung dank Virtual Reality
(Bildquelle: https://my.roomtour.ch/how-it-works)*

Virtuelle Besichtigungen. Kürzlich war ich in Berlin am Future ExpertDay des Zukunftsinstituts, wie ich schon in Kapitel 2 erläutert habe. Bei solchen Reisen plane ich auch etwas Zeit für Sightseeing ein. In Berlin war ich allerdings schon das vierte Mal. So wollte ich nur die Kuppel des Deutschen Bundestags von innen ansehen. Leider sagte man mir beim Eingang, dass man sich dazu anmelden müsse. Es hätte noch wenige freie Plätze, aber leider nur für den nächsten Tag. Doch da war ich leider schon wieder weg.

Orte wie der Deutsche Bundestag oder das Kanzleramt würden sich für VR-Anwendungen eignen. Es braucht dann keinen Sicherheitscheck mehr und es gibt auch Gebäude wie das Kanzleramt, wo man nicht einfach hineinspazieren kann. Im Zeitalter des Terrorismus könnte man dank VR ein Gebäude einem breiten Publikum virtuell verfügbar machen, ohne dass man dabei Gefahren eingeht. Zudem kann man eine solche Anwendung rund um die Uhr zur Verfügung stellen, also ohne Öffnungszeiten.

Touristiker befürchten vielleicht, dass wegen VR-Anwendungen die Gäste in der realen Welt ausbleiben. Doch es könnte auch das Gegenteil eintreffen, dass die Touristen zuerst die Orte virtuell besuchen und dann den Besuch anschliessend beim Original nachholen wollen.

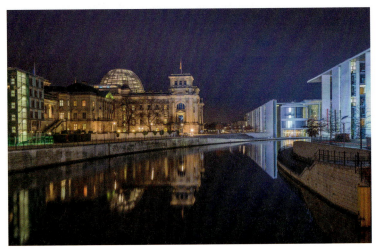

Abbildung 72: Bundestag Berlin (Bildquelle: Fotolia 95879565_L)

Auch Hotels profitieren von solchen Entwicklungen. Der Wellnessbereich kann so viel eindrücklicher vorgestellt werden. Und Wellness möchten die Kunden ja nicht nur virtuell erleben, sondern ganz echt vor Ort.

VR-Shop. Künftig sagt vielleicht Ihr Lebenspartner: «Schatz, geh doch bitte einkaufen.» Sie ziehen die VR-Brille über und schon gehts los. Es gibt bereits solche erste Anwendungen. Ein Beispiel von Tesco sehen Sie gleich unten. Schauen Sie sich das bitte an, um eine Vorstellung des virtuellen VR-Shops zu bekommen.

3. Digitale Megatrends – Die Zeitreise hat begonnen

Abbildung 73: VR-Shop von Tesco
(Quelle: https://www.youtube.com/watch?v=08S86X_5Crs)

Eine weitere Anwendung könnte ich mir anstelle eines Reisebüros vorstellen. Dank einer VR-Brille können Sie eine virtuelle Reise planen und sich inspirieren lassen. Google bietet mit Google Earth VR bereits eine solche App an. So wird Ihr Heim zum virtuellen Reisebüro.

Abbildung 74: Google Earth VR
(Quelle: https://www.youtube.com/watch?v=SCrkZOx5Q1M)

> **Aufruf der Videos:**
> - Variante 1: https://eugster.info/uebermorgen/videos
> - Variante 2: Starten Sie die App Xtend und halten Sie Ihr Smartphone über das Bild. Sobald dieses von der App erkannt wird, wird auf Ihrem Smartphone das dazugehörende Video aufgerufen.

Blick durch die Kristallkugel

Virtual Reality wird das nächste grosse Ding. Die zweidimensionalen Websites werden eines Tages zu Ende gehen, wenn die Leute sich die Informationen viel spielerischer und animierter über eine VR-App holen können. Es wird immer einfacher werden, eine VR-App und den entsprechenden Content zu erstellen. Das wird dieser Technologie zum Durchbruch verhelfen.

E-Commerce, quo vadis? – Wie kaufen wir in Zukunft ein?

«Du Opa, hat man früher wirklich selber im Supermarkt eingekauft?», fragt Luca. «Luca, das war in der Tat so. Meistens sind wir am Samstag mit selbst gelenkten Autos in die Stadt gefahren und haben dann den Wocheneinkauf erledigt», antwortet Opa. «So lustig. Das erledigen wir heute im Jahr 2030 per Virtual-Reality-App oder in der Matrix. Wenn uns wieder etwas einfällt, was wir brauchen, dann setzen wir es per Sprachbefehl auf die Einkaufsliste. Und wenn wir Beratung oder die Inspiration für neue Produkte brauchen, dann machen wir das auch in der Matrix. Die bestellten Produkte bekommen wir in regelmässigen Abständen nach Hause geliefert», stellt Luca fest. «Ja Luca, das war früher wirklich so, dass wir vieles manuell machen mussten. Dafür hatten wir eher ein Einkaufserlebnis, wobei das Gedränge früher im Supermarkt auch kein wirkliches Einkaufserlebnis war», gibt Opa zu.

Abbildung 75: Einkauf im Supermarkt – Schlange an der Kasse (Bildquelle: PhotoXpress_4652492)

Die Entwicklung im E-Commerce mit Amazon

Wer hats erfunden? Damit ist der E-Commerce gemeint. Ganz klar hat hier Amazon, als sie begonnen haben, Bücher online zu verkaufen, im E-Commerce die Trends gesetzt und für Innovationen gesorgt. Bis zum heutigen Tag kommt eine Innovation nach der anderen.

Die Evolution oder Revolution, wie wir Produkte einkaufen, möchte ich gerne am Beispiel des Einkaufs von Waschmittel aufzeigen. Waschmittel ist ja wahrlich kein emotionales Produkt mit einem tollen Einkaufserlebnis.

Früher, vor dem Amazon-Zeitalter, konnten wir das Produkt nur im stationären Handel kaufen und nach Hause schleppen.

Dann kam der Onlinehandel auf und Amazon bot später nach den Büchern auch andere Produkte wie Waschmittel auf ihrem Marktplatz an, die man online bestellen konnte.

Amazon führte als weitere Verbesserung den «1-Click-Button» ein. Damit konnte man eine Bestellung mit nur einem einzigen Klick aufgeben. Man musste also nicht mehr das Produkt in den Warenkorb «legen», sich dann mit dem Login anmelden und auf die Bestellung klicken. Nur schon diese Funktion zeigt die hundertprozentige Kundenorientierung von Amazon.

Abbildung 76: Amazon 1-Click-Button (Quelle: amazon.de)

Amazon Dash – Einkauf auf Knopfdruck

2015 brachte Amazon den Dash-Button auf den Markt. Der «Amazon Dash Button» ist ein mit WLAN verbundenes Gerät, mit dem der Kunde seine Lieblingsprodukte per Knopfdruck nachbestellen kann. Dieser Service ist ausschliesslich Amazon-Prime-Kunden vorbehalten. Sie bringen den Dash-Button direkt an der Waschmaschine an (siehe nachstehende Abbildung).

3. Digitale Megatrends – Die Zeitreise hat begonnen

Abbildung 77: Diverse Amazon-Dash-Buttons mit Einsatzmöglichkeiten (Bildquelle: amazon.de)

Wann bemerken Sie, dass Ihnen das Waschmittel ausgeht? Richtig, genau dann, wenn Sie vor der Waschmaschine stehen. Dann drücken Sie einmal auf den Knopf und die Bestellung ist schon aufgegeben. Damit Ihre Kinder nicht Dutzende von Bestellungen aufgeben, hat es Amazon so eingerichtet, dass Sie die Bestellung in der Amazon-App noch kurz mit einem Klick bestätigen müssen. Das verhindert, dass Sie Waschmittel für die nächsten Jahrzehnte lagern müssen.

Einfacher geht es wohl nicht mehr, nicht wahr? Doch, es geht noch einfacher. Wer hats erfunden? Nicht wir Schweizer, sondern – einmal mehr – Amazon.

Einkauf per Sprache

Sie erinnern sich bestimmt an den Abschnitt über Amazon Echo im Kapitel über die Bots. Dort habe ich Ihnen im Zusammenhang mit künstlicher Intelligenz und Bots die technischen Möglichkeiten aufgezeigt. Amazon nutzt Echo nicht nur zur Unterhaltung und Steuerung der Raumtemperatur, sondern auch zum Einkaufen per Sprache.

Der Einkauf von Waschmittel geht dann wie folgt vonstatten. «Alexa, ich möchte gerne Waschmittel kaufen», sagen Sie zu Ihrem Amazon Echo, das Sie in der Küche oder im Wohnzimmer stehen haben. Alexa antwortet: «Möchtest du wieder wie das letzte Mal Ariel in der Packung für 32 Waschladungen bestellen?» – «Nein, Alexa, ich möchte einmal etwas Neues versuchen, das aber auch so gut sein muss wie Ariel. Gibt es vielleicht gerade ein Sonderangebot?», antworten Sie Alexa. «Im Moment gibt es ein Sonderangebot von Persil. Dort gibt es das Sonderangebot für 132 Waschladungen zum Preis von 24,67 Euro», antwortet Alexa. Der Dialog könnte nun mehrmals hin- und hergehen, indem Sie zum Beispiel Testberichte oder Testimonials hören möchten. Ganz zum Schluss erfolgt die Bestellung per Sprache: «Alexa, bitte kaufe für mich das Sonderangebot von Persil mit den 132 Waschladungen für 24,67 Euro. Vielen Dank.» Alexa: «Das Produkt ist bestellt und du bekommst die Bestätigung als Mitteilung in der Amazon-App. Danke für deinen Einkauf bei Amazon.» Amazon veranstaltete bereits im November 2016 mit Alexa eine «Voice Shopping Week». Auf diese Weise konnte Amazon ganz spezielle Deals anbieten, die es nur über Alexa bzw. Amazon Echo gab.

3. Digitale Megatrends – Die Zeitreise hat begonnen

*Abbildung 78: Amazon Voice Shopping Week
(Quelle: https://excitingcommerce.de)*

Amazon Prime

Amazon bietet seinen Dienst «Amazon Prime» auch schon in mehreren europäischen Grossstädten an. Als Amazon-Prime-Kunde bekommen Sie kostenlosen Premiumversand und gratis Same-Day-Delivery (Lieferung am gleichen Tag) in ausgewählten Städten. Ferner erhalten Sie Zugang zu unbeschränkten Videos (Prime Video), Prime Music, Prime Photos, exklusiven Zugang zu neuen Spielen oder andere Topangebote. Und das für nur 7,99 Euro pro Monat. Wer kann da noch mithalten?

Dank «Amazon Prime Air» kann man sich die Produkte auch per Drohne liefern lassen, so wie ich das schon im Kapitel über die Drohnen ausgeführt habe.

Radio Tags (Funkchips)

An dieser Stelle möchte ich Ihnen gerne die Entwicklung in technischer Hinsicht näherbringen, mit der sich der Handel derzeit oder bald beschäftigen muss.

Erinnern Sie sich an den Film «Minority Report» aus dem Jahr 2002 mit Tom Cruise in der Hauptrolle? In einer Szene betritt Tom Cruise ein Geschäft. Er wird sofort persönlich begrüsst, und es wird ihm personalisierte Werbung eingeblendet. Sie können sich diese Szene gleich unten ansehen.

Abbildung 79: Szene aus Minority Report
(Quelle: https://www.youtube.com/watch?v=7bXJ_obaiYQ)

Aufruf der Videos:
- Variante 1: *https://eugster.info/uebermorgen/videos*
- Variante 2: Starten Sie die App Xtend und halten Sie Ihr Smartphone über das Bild. Sobald dieses von der App erkannt wird, wird auf Ihrem Smartphone das dazugehörende Video aufgerufen.

Was damals noch Science-Fiction war, ist schon Wirklichkeit und wird sich einmal im täglichen Leben ausbreiten, zuerst wohl im Shopping.

Update 3. Auflage 2019

Der QR-Code hat sich im Marketing nie wirklich auf breiter Basis durchsetzen können. Wir finden ihn wohl zur Unterstützung von Logistikprozessen, beim Check-in auf dem Flughafen oder in Payment-Apps. Und immer häufiger werden wir ihn auf Rechnungen aufgedruckt vorfinden. Damit wird E-Banking noch einfacher werden, weil wir dann mit unserer E-Banking-App nur noch den QR-Code scannen müssen, der alle relevanten Daten enthält und die Zahlung im Nu auslösen wird. Der QR-Code hat sich im Marketing nie richtig verbreiten können, weil die Leute zuerst nicht wussten, was man damit machen kann und dass man dafür eine App herunterladen musste. Gerade der Nachteil, dass man erst eine App laden muss, wird durch diverse Funkchips behoben, die ich gleich erklären werde.

RFID. RFID (Radio Frequency IDentification) ist eine Technologie, mit der man Objekte und Lebewesen dank Sender-Empfänger-Systeme mit Radiowellen automatisch und berührungslos identifizieren und lokalisieren kann.

Ganz konkret heisst das, dass wir dazu keine App mehr herunterladen oder einen Scanner nutzen müssen. Die Gegenstände werden automatisch erfasst.

NFC. NFC steht für Near Field Communication und heisst auf Deutsch sinngemäss «Nahfeldkommunikation». NFC basiert auf der RFID-Technik. Es ist ein internationaler Übertragungsstandard für den kontaktlosen Austausch von Daten über kurze Strecken von wenigen Zentimetern.

Eine Anwendung ist Ihr Smartphone, falls es über einen NFC-Chip verfügt. Ebenso werden immer häufiger Kredit- und Zahlkarten mit einem NFC-Chip ausgestattet. Dank diesen müssen Sie Ihre Karte nicht mehr in einen Leser stecken und den Code eingeben, sondern es genügt, wenn Sie die Karte in die Nähe des Zahlungsterminals halten. Bei tiefen Beträgen entfällt sogar die Eingabe des Codes.

Ich persönlich fände es endlich an der Zeit, dass man die Parkuhr so füttern könnte, anstatt ständig Kleingeld mit sich führen zu müssen. Das könnte sich ändern, sobald wir dank Blockchain und Kryptowährungen neue Ökosysteme erschaffen, die das automatisch von Maschine zu Maschine (M2M) erledigen. Wir müssen dann nicht einmal mehr eine Karte hinhalten, weil unser Auto die Zahlung selbständig ausführt. Doch dazu später mehr.

Es sind neben Zahlungen viele weitere Anwendungen dank NFC möglich, zum Beispiel die Übertragung von einem Smartphone auf einen Drucker oder Gutscheine.

Abbildung 80: NFC in der Anwendung (Bildquelle: Fotolia_113375234_L)

BLE. BLE steht für Bluetooth Low Energy. Es ist eine Funktechnik, mit der man Geräte in kurzer Umgebung (ca. 10 Meter) miteinander vernetzen kann.

BLE verbraucht im Gegensatz zum herkömmlichen Bluetooth einiges weniger an Strom.

iBeacon. iBeacon ist eine von Apple registrierte Marke und stellt einen proprietären Standard dar, der auf BLE basiert. Man kann damit Geräte in geschlossenen Räumen lokalisieren. Das Verfahren unterstützt sowohl Geräte mit iOS als auch Android ab gewissen Versionen.

Diese Technologien braucht es, um gewisse Prozesse und Geschäftsmodelle unterstützen zu können. Der im nächsten Abschnitt vorgestellte Service von Amazon, Amazon Go, benötigt genau solche Technologien wie Radio Tags, Funkchips und wie sie auch immer heissen mögen. Die besten Ideen lassen sich ohne die richtigen Technologien nicht umsetzen.

Die Zukunft des Handels

Im Dezember 2016 kündigte Amazon den Testbetrieb von Amazon Go in einer eigens dafür eingerichteten Filiale an. 2018 ist der Pilotbetrieb erfolgreich in den produktiven Betrieb übergegangen. Dort kann man einfach ins Geschäft gehen, muss sich beim Eingang kurz über eine App registrieren, kauft ein und geht, ohne dass man an der Kasse auschecken muss. Die Produkte werden im Warenkorb automatisch registriert und beim Verlassen des Geschäftes wird der Totalbetrag gleich abgebucht. Geht es noch einfacher? Sehen Sie bitte selbst das nachfolgende Video, das diesen Prozess verdeutlicht.

Abbildung 81: Amazon Go
(Quelle: Amazon, https://www.youtube.com/watch?v=NrmMk1Myrxc)

> **Aufruf der Videos:**
> - *Variante 1: https://eugster.info/uebermorgen/videos*
> - *Variante 2: Starten Sie die App Xtend und halten Sie Ihr Smartphone über das Bild. Sobald dieses von der App erkannt wird, wird auf Ihrem Smartphone das dazugehörende Video aufgerufen.*

3D-Druck während des Transportes. Sie erinnern sich an das Patent, das Amazon 2015 eingereicht hat, das ich im Kapitel über den 3D-Druck erwähnt habe? Gewisse Gegenstände sollen während der Fahrt ausgedruckt werden. So ist Amazon kein Händler oder Marktplatz mehr, sondern wird damit zum Hersteller.

Fliegende Warenhäuser. In der Tat ist es so, dass Jeff Bezos die Ideen nie ausgehen. Diese Zeilen schreibe ich erst, nachdem ich mein Buch eigentlich schon geschrieben hatte. Heute ist der 28. Dezember 2016 und ich erfahre gerade aus einer Medienmitteilung, dass Amazon ein Patent für fliegende Warenhäuser eingereicht habe. Tech-Journalistin Zoe Leavitt schreibt auf Twitter, dass sie wohl den Todesstern des E-Commerce ausgegraben habe. Für Nicht-Science-Fiction-Fans ist der Todesstern das Riesenraumschiff des Imperiums aus Star Wars.

Abbildung 82:
Twitter-Tweet
von Zoe Leavitt
vom 28.12.2016

Die Idee dahinter ist, dass rund 14 Kilometer über der Erde fliegende Warenhäuser schweben, die Paketdrohnen in Richtung Empfänger absenden. Die Idee tönt wirklich so verrückt, dass sie einem Science-Fiction-Film entstammen könnte. Das Patentamt hatte die Idee schon im April 2016 geschützt. Bekannt geworden ist sie aber erst Monate später, weil das US-Patentamt offenbar nicht so rasch mit dem Update seiner Website ist, wie Jeff Bezos Ideen generiert. Unglaublich, aber wahr. Und spätestens seit der Realisierung der Paketdrohne, als alle an einen Marketinggag dachten, glauben wir auch hier mit ungläubigem Staunen, dass diese Idee eines Tages wahr werden wird.

Auslieferung per Fallschirm. Und wirklich erst ganz kurz vor Drucklegung dieses Buches erfahre ich über den Wired-Newsletter vom 15. Februar 2017, dass Amazon ein Patent für die Auslieferung per Fallschirm eingereicht hat *(https://www.wired.de/collection/tech/amazon-will-paeckchen-fallschirm-ausliefern)*. Der Service «Amazon Prime Air» könnte zusätzlich zur bereits erfolgten Auslieferung per Drohne um eine Auslieferung per Fallschirm ergänzt werden. Dies soll dank einiger technischer Mechanismen zielgenau stattfinden.

What's next? Keine Ahnung, aber ich bin sicher, dass wir das Ende der Fahnenstange – vor allem bei Amazon – noch nicht erreicht haben. Ich bin gespannt, welche weiteren Dienstleistungen Jeff Bezos mit Amazon bringen wird. Die Ideen dazu werden ihm bestimmt nicht ausgehen, wie das obige Beispiel der fliegenden Warenhäuser eindrücklich zeigt. Ein VR-Shop fehlt Amazon noch. Vielleicht ist das ja auch für Amazon das nächste grosse Ding.

3. Digitale Megatrends – Die Zeitreise hat begonnen

Blick durch die Kristallkugel

Der E-Commerce der Zukunft ist eng mit den Innovationen von Amazon verknüpft. Amazon gibt den Takt vor.

In Zukunft wird es mehr Ökosysteme, also umfassende IT-Systeme mit hohem Kundennutzen wie das von Amazon geben. Auch die Messenger-Bots von Facebook, WhatsApp oder WeChat spielen im E-Commerce eine immer wichtigere Rolle. Der E-Commerce findet zunehmend über Devices wie Amazon Echo oder Google Home per Voice statt. Braucht es dann noch einen eigenen E-Shop? Ich glaube nicht. Vermutlich ist es besser, man gibt diesen zugunsten dieser Ökosysteme auf. Das ergibt ein ganz neues Marketing: Man bewirbt die Produkte über diese bestehenden und neuen Marktplätze.

Im Jahr 2030 kann ich mir auch die eingangs beschriebene Matrix vorstellen. Wir gehen in die Matrix, lassen uns per intelligentem Verkaufsbot inspirieren und beraten und machen die Kauftransaktion gleich dort.

Und wenn wir immer noch im stationären Handel einkaufen, dann werden Radio Tags eine wichtige Rolle in der Art, wie wir einkaufen werden, spielen.

4. Den Umsatz von morgen machen die Andersdenkenden von heute

In diesem Kapitel …

… gehen wir auf die Disruption und deren mögliche Folgen ein. Was bedeuten disruptive Technologien für Sie und Ihr Unternehmen? Wann kommt «Ihre» Disruption?

Vor rund 150 Jahren gab es erste Firmen, die Eisblöcke hergestellt und verkauft haben. Damit konnte man verderbliche Güter dank der Kühlung mit Eisblöcken weiter als bisher transportieren und länger lagern. Wieso gibt es heute bei uns in der westlichen Welt keine Firmen mehr, die Eisblöcke zum Beispiel an Hotels und Restaurants verkaufen?

Abbildung 83: Früher wurden Eisblöcke hergestellt und verkauft. (Bildquelle: Fotolia-39121659-L)

Heute brauchen wir, zumindest in der westlichen Welt, diese Firmen nicht mehr, weil wir die Kühlkette dank Kühl- und Eisschränken anders aufrechterhalten können. Noch bis in die 60er-Jahre gab es in Deutschland nur in rund einem Drittel der Haushalte einen Kühlschrank, heute hingegen in fast jedem. Das macht Eisblöcke überflüssig und somit auch die Firmen, die diese herstellen. Die disruptive Technologie war somit der Kühlschrank.

Wann waren Sie das letzte Mal in einer Telefonzelle? Das ist vermutlich lange her. Möglicherweise haben Sie eine Telefonzelle aufgesucht, um in Ruhe Ihr Smartphone benutzen zu können. Aber das zählt natürlich nicht. Die disruptive Technologie hierzu ist das mobile Telefon.

Früher haben Hotels mit den Telefongebühren einiges verdient, heute praktisch nichts mehr. Die Gäste haben heute alle ein mobiles Telefon und benutzen die Telefone in den Hotelzimmern nicht mehr.

Womit schiessen Sie heute die meisten Fotos? Vermutlich mit Ihrem Smartphone. Vor wenigen Jahren nutzten Sie vermutlich eine Kompaktkamera. Die Kameras in den Smartphones sind heute so gut, dass man die Kompaktkamera getrost zu Hause lassen kann. Einzig eine Spiegelreflex- oder Systemkamera kann noch Sinn machen, denn die Qualität ist doch um einiges besser. Hier ist die disruptive Technologie die eingebaute Handykamera. Die mit dem Smartphone geschossenen Bilder kann man sogar gleich in die Cloud hochladen lassen und die Bilder sofort mit Freunden teilen.

Früher musste man mühsam den Film entwickeln lassen, wartete meist eine Woche, bis man die ausgedruckten Bilder bekam und sah erst dann, ob sie auch gut geworden waren. Dann klebte man sie in ein Album und zeigte dieses beim nächsten Treffen seinen Freunden. Das war unglaublich umständlich.

Die Disruption war, dass zuerst die Kameras digital wurden und später verschwanden sie in den mobilen Telefonen.

Was ist Disruption?

Erinnern Sie sich noch an Kodak? Ja genau, diese Firma, die früher den Markt für analoge Kameras und chemische Filme dominiert hat? Kodak machte bereits 1962 über eine Milliarde US-Dollar Umsatz, hatte 1996 auf dem amerikanischen Markt 90 Prozent Marktanteil und erzielte 1991 fast 20 Milliarden Dollar Umsatz *(https://de.wikipedia.org/wiki/Kodak)*. Wie konnte so ein starkes Unternehmen plötzlich den Bach runtergehen?

Die Disruption wird an Konferenzen und Lehrveranstaltungen meist am Beispiel von Kodak erklärt. Man könnte, ohne den Hintergrund zu kennen, annehmen, dass Kodak den Entwicklungssprung der Digitalfotografie verpasst hat. Das Gegenteil ist aber der Fall. Kodak hat selber schon 1976 die erste digitale Kamera entwickelt, die damals aber noch zu schwer und zu teuer, also nicht für den Massenmarkt fähig war. Die Kamera sah aus wie ein Toaster, brauchte 20 Sekunden, um ein Bild zu schiessen und war in der Anwendung viel zu kompliziert. Es wird auch oft vermutet, dass Kodak zu wenig in die neue Technologie investiert hat. Gemäss der «Harvard Business Revue» vom Mai 2002 investierte Kodak aber Milliarden in die neue Technologie *(https://hbr.org/2002/05/disruptive-change-when-trying-harder-is-part-of-the-problem)*.

Vermutlich waren es auch Managementfehler und interne Widerstände gegen die neue Technologie. Es ist nicht mein Ziel, in diesem Buch zu diskutieren, was letztlich zum Ende von Kodak geführt hat. Wichtiger scheint mir zu zeigen, dass auch grosse und mächtige Firmen einer disruptiven Technologie zum Opfer fallen können.

Grosse Firmen haben oftmals nicht mehr den Hunger nach Neuem wie zum Beispiel Start-ups. Neue Entwicklungen werden auch intern heftig diskutiert. Die Vertreter der alten und erfolgreichen Technologien gewinnen oftmals gegen die Vertreter der neuen Entwicklungen. Grossen Firmen fehlt die Start-up-Kultur, denn sie haben Manager und keine Unternehmer in ihren Reihen. Die Denkweise eines Managers ist eine andere.

> Was ist der Unterschied zwischen einem Manager und einem Unternehmer?
> Ganz einfach: Der Unternehmer gibt sein eigenes Geld aus.

Der Unternehmer, der von seiner Idee überzeugt ist, ist bereit, sein letztes Hemd zu verwetten. Doch braucht er oftmals Risikokapital, um mit seinen Mitstreitern die Idee umzusetzen. Diese Denkweise fehlt meist in den grossen Unternehmen. Man ist ja schliesslich Marktleader und die Umsätze stellen sich fast automatisch ein ... bis ... eben, bis eine neue Technologie die alte verdrängt. Zuerst äussert man sich eher abschätzig über das Neue, das eben noch nicht gut genug ist. Die ersten Digitalkameras, die auf den Massenmarkt kamen, hatten eine Auflösung von nur einem Megapixel. Für heutige Verhältnisse war das wirklich unbrauchbar. Neue Entwicklungen werden zu rasch in der Luft zerrissen. Man findet schnell viele Argumente, die dagegensprechen. Doch vergisst man, dass sich alles entwickelt. Die ersten Autos sahen auch noch wie Kutschen aus, und heute? Eben. Wenn Sie eine disruptive Technologie zu früh negativ beurteilen und gleich wieder vergessen, werden Sie möglicherweise von dieser aufgefressen werden.

Gemäss Wikipedia ist eine disruptive Technologie (engl. disrupt – unterbrechen, zerreissen) eine Innovation, die eine bestehende Technologie, ein bestehendes Produkt oder eine bestehende Dienstleistung möglicherweise vollständig verdrängt (https://de.wikipedia.org/wiki/Disruptive_Technologie).

Die Disruption in der Verlagsbranche

Rupert Murdoch sagte noch 2009 «The current days of the internet will be over soon», was sinngemäss heisst, dass die Tage des Internets schon bald gezählt seien *(https://www.informationliberation.com/?id=26758).*

Doch wie wir wissen, kam alles anders. Die Verlage haben versucht, ihr Geschäftsmodell zu retten und gegen das Internet zu verteidigen. Jahrelang hatte man Berichte recherchiert, verfasst und diese in den Printmedien veröffentlicht. In den Printmedien konnte man gut bezahlte Anzeigen schalten. Die Anzahl der Konkurrenten war überschaubar. Zudem konnte man Abonnements an die Leserschaft verkaufen. Dieses Geschäftsmodell hat jahrelang sehr gut funktioniert, bis das Internet mit seiner Gratiskultur aufkam. Die Leute gewöhnten sich daran, Berichte und Artikel online zu konsumieren, und zwar ohne dafür bezahlen zu müssen.

Die Verleger wollten ihr Geschäftsmodell mit einer Bezahlschranke, den sogenannten Paywalls oder Metered Paywalls, schützen und sich damit für ihre Inhalte auch online bezahlen lassen. Auch Ringier, das grösste Verlagshaus der Schweiz, wollte noch 2013 eine Bezahlschranke für die Boulevardzeitung «Blick» einrichten. Sie kündigten das mit der Bemerkung an, dass es «ein historischer Geburtsfehler» gewesen sei, Inhalte im Netz zu verschenken, der nun korrigiert werden müsse *(https://www.blick.ch/news/wirtschaft/medien-blick-fuehrt-bis-im-herbst-2013-eine-internet-bezahlschranke-ein-id2125212.html)*. Die Bezahlschranke beim Blick gibt es meines Wissens nicht mehr.

Trotzdem haben gerade die grossen Verlage den Übergang vom alten zu neuen Geschäftsmodellen in der Regel gut gemeistert; diese machen heute einen hohen Anteil am Gesamtumsatz aus. Das war nicht immer so.

Erlauben Sie mir an dieser Stelle einen kurzen autobiografischen Einschub? Ich habe selber als Mitgründer der Stellenplattform jobwinner.ch erlebt, wie das in einem grossen Konzern ablaufen kann. Zu zweit haben wir damals im Jahr 1998 Jobwinner gegründet. Jobwinner war ein kleiner Stellenbewerbungsservice. 1999 wurden wir von der Tamedia AG, dem zweitgrössten Medienhaus der Schweiz, übernommen. Es gab Prognosen, dass wegen des Internets rund 30 Prozent der Rubrikenanzeigen (Stellen, Immobilien, Autos, Kleinanzeigen) ins Internet abwandern würden.

Es wurde eine eigene Firma, die Winner Market AG, gegründet, die den Bereich Onlineanzeigen mit damals sechs Internetportalen (Jobwinner, Immowinner, Carwinner, Partnerwinner, Pricewinner, Auctionwinner) aufbauen sollte. Von den konzerninternen Kollegen der Printanzeigen wurden wir heftiger bekämpft als im Markt draussen. Das war mir eine Lehre. Wir haben uns damals übernehmen lassen, weil wir dachten, dass uns die grossen Verlage mit sehr viel Geld gefährlich werden könnten. So haben wir aus Respekt vor der Zukunft wahrscheinlich zu früh verkauft. Auch war unser Mitbewerber jobs.ch damals etwas vor uns gestartet. Die haben sich nicht zu früh kaufen lassen. Jahre später wurden sie von den beiden grossen Verlagen der Schweiz, Ringier und Tamedia, für 390 Mio. Schweizer Franken gekauft *(https://www.nzz.ch/tamedia-und-ringier-uebernehmen-jobsch-1.17596178)*.

Wenn ich Ihnen hier einen Ratschlag geben darf, dann den: Verkaufen Sie nicht zu früh, wenn Sie als Start-up unterwegs sind. Es braucht immer mehr Durchhaltewillen, als man sich zu Beginn vorstellt. Die Businesspläne sind immer zu optimistisch, sodass das Geld früher ausgeht. Ich bereue den Verkauf von damals nicht. Es war doch der richtige Zeitpunkt. Ich habe damals als CIO sehr viel gelernt. Dafür bin ich heute sehr dankbar.

Die grossen Verlage haben also den Übergang zu den digitalen Geschäftsmodellen meist gut vollzogen. Wissen Sie, wem das Businessnetzwerk XING gehört? XING gehört dem Burda-Verlag, der Hubert Burda Media. Wissen Sie, wem das grösste Onlinereisebüro Deutschlands, Holidaycheck, gehört? Holidaycheck gehört ebenfalls zu Burda *(https://www.burda.com/de/marken/)*. Zumindest die Leserinnen kennen Burda wahrscheinlich noch als Frauenzeitschrift. Burda nennt sich heute «eine Tech und Media Company».

Burda erwirtschaftete im Jahr 2017 mit seinen nationalen Digitalmarken Umsätze in Höhe von 1,4 Milliarden Euro *(https://de.*

statista.com/statistik/daten/studie/193089/umfrage/digitaler-umsatz-von-hubert-burda-media-seit-2006/), was etwas mehr als der Hälfte des Gesamtumsatzes von 2,6 Milliarden Euro entspricht *(https://de.wikipedia.org/wiki/Hubert_Burda_Media)*.

Kleinere Verlage haben es sehr viel schwieriger. Die Mittel sind begrenzt und meist ist auch der Markt viel kleiner und regional. Das Internet ist ein Medium, das Grenzen überschreitet. Für diese Verlage ist es oft schon ein Hindernis, die bestehenden Gebietsgrenzen, die durch die früheren Printprodukte gegeben waren, zu überschreiten. Wenn man nicht national oder gar international handeln kann, kann man auch die Skaleneffekte nicht nutzen. Ich kann davon ein Lied singen, denn ich bin in einem kleineren Verlag als Verwaltungsrat tätig und versuche, den Verlag in die digitale Zukunft zu begleiten. Leider scheitert es meist am regionalen «Mindset», über die Grenzen hinaus denken zu können und zu wollen. (Entschuldigt bitte liebe VR-Kolleg/-innen, wenn ihr das lest. Es kommt aus tiefster Seele eines Digitalen.)

Wie schnell kommt «Ihre» Disruption?

Gewisse Branchen wie die Medienbranche haben ihre Disruption schon fast hinter sich.

Broschüren wie «Überlebensstrategie Digital Leadership» und Analysen von Heads! Executive Consultancy und Deloitte Digital kommen zum Schluss, dass sich die Branchen in einem Portfolio in vier Bereiche einteilen lassen. Es gibt dabei die lange und die kurze Lunte und der grosse und der kleine Knall.

4. Den Umsatz von morgen machen die Andersdenkenden von heute

Abbildung 84: Disruption Map nach Industrien (Quelle: Broschüre «Überlebensstrategie Digital Leadership» und Analysen von Heads! Executive Consultancy und Deloitte Digital, April 2015)

Je nach Quadrant wird Ihre Branche langsamer oder schneller und lauer oder heftiger von der Disruption betroffen sein:

- **Quadrant unten rechts:** Die Branchen Bergbau, Öl, Gas, und Chemie müssen sich wegen der Digitalisierung weniger Sorgen machen. Darum sind sie im Quadranten lange Lunte/kleiner Knall eingeteilt.

- **Quadrant unten links:** Das Bauwesen wird vermutlich bald einmal von der Digitalisierung betroffen sein, der Knall dürfte eher klein sein.

- **Quadrant oben rechts:** Grossen Einfluss (grosser Knall), dafür etwas später (lange Lunte), dürfte die Digitalisierung in den

Branchen Regierung, Energieversorgung, Produktion, Landwirtschaft, Gesundheits- und Transportwesen haben.

- **Quadrant oben links:** Am meisten Sorgen müssen sich Unternehmen und ihre Mitarbeitenden in den folgenden Branchen machen: Einzelhandel, IKT (Informations- und Kommunikationstechnologien), Medien, Freizeit und Reisen, Banken, Versicherungen, Professional Services, Gastronomie, Bildung und Immobilien. Dort wird die Lunte als kurz und der Knall als gross erwartet. Es geht also schnell und heftig.

Update 3. Auflage 2019

Obwohl die oben genannte Studie bereits vier Jahre alt ist, ist sie gerade deswegen sehr wertvoll. Heute können wir deren Voraussagen überprüfen und bestätigen, dass gerade die Branchen in der linken oberen Ecke aufgrund der Digitalisierung stark durchgeschüttelt werden.

Nehmen wir exemplarisch die Branche «Freizeit & Reisen». Welche disruptiven Technologien und Konzepte sind hier absehbar? Kennen Sie UBER? Aber sicher. Wir haben UBER schon im Kapitel 3 unter den digitalen Megatrends der selbstfahrenden Autos und Drohnen kurz erwähnt. UBER ist ja kein Taxiunternehmen, sondern möchte den Transport neu organisieren. UBER wird eine solche disruptive Kraft in dieser Branche sein.

Ein zweites Beispiel gefällig? Airbnb ist das zweite Beispiel. Davon haben Sie bestimmt auch schon gehört. Airbnb vermittelt Betten in Unterkünften zwischen Anbietern und Bettensuchenden und das weltweit. Airbnb besitzt kein einziges Bett, sie vermitteln nur. Gemäss Wikipedia ist Airbnb ein 2008 im kalifornischen Silicon Valley gegründeter Community-Marktplatz für Buchung und Vermietung von Unterkünften, ähnlich einem Computerreservierungssystem. Nach eigenen Angaben stehen auf der Website über vier Millionen Angebote in über 190 Ländern zur Buchung zur Verfügung (Stand: August 2017). Das wird von den Hotels sehr argwöhnisch betrachtet, denn jeder kann selber bei Airbnb Anbieter einer Unterkunft werden, indem Sie sich dort einschreiben, Ihre Unterkunft mit schönen Bildern und Texten beschreiben und warten, bis jemand Ihr Zimmer bucht. Das ist natürlich eine grosse Konkurrenz für die Hotels, wenn auch Private ihre Unterkünfte über diese Plattform anbieten.

Airbnb hat in zwei Finanzierungsrunden 2016 und 2017 rund 1 Milliarde US-Dollar an Risikokapital eingenommen, um den weiteren Ausbau der Plattform zu finanzieren. Google Capital, eine Tochterfirma von Alphabet, der Holding von Google, hat sich an der Finanzierungsrunde beteiligt. Das Start-up hatte 2017 einen Wert von über 30 Milliarden US-Dollar erreicht.

Und es geht bei beiden, UBER und Airbnb, extrem schnell, also kurze Lunte mit grossem Knall.

Die Disruption in der Bankbranche

Auch die Banken sind gemäss der «Disruption Map nach Industrien» etwas weiter oben im Quadranten links oben mit kurzer Lunte und grossem Knall aufgeführt. Hier stehen verschiedene Technologien an, die disruptives Potenzial haben: Roboadvisor und die Blockchain.

Roboadvisor

Wenn wir uns an die digitalen Megatrends aus Kapitel 3, Roboter, Bots und künstliche Intelligenz, erinnern, dann muss es heute einem Bankmitarbeiter angst und bange werden. Seinen Job wird es in einigen Jahren möglicherweise nicht mehr geben.

Ich war 2016 an einem Anlass an der Hochschule für Wirtschaft Zürich (HWZ). Dort ging es um das Thema Roboadvisor. Als der Moderator die rund 400 Zuhörer/-innen fragte, wer Angst habe, dass es seinen Job in einigen Jahren nicht mehr gäbe, zeigten nur etwa zehn Personen an, also zwei bis drei Prozent. Als der Moderator fragte, ob jemand das Gegenteil erwarte, dass es mehr Berater/-innen brauche, zeigten das zu meinem grossen Erstaunen auch einige Personen an. Da kann ich nur kopfschüttelnd sagen, willkommen in der Realität. Ich bin der festen Überzeugung, dass es in Zukunft nur noch wenige menschliche Berater brauchen wird.

Erinnern Sie sich an den IBM-Computer Watson aus Kapitel 3, der die besten Jeopardy-Spieler schon vor Jahren schlug, oder an den kleinen Roboter, der Auskünfte über Hypothekarprodukte erteilt, oder an Sophie, die Roboterfrau, die schon philosophische Fragen beantworten kann? Wir sind nahe dran, dass Roboter mehr als nur FAQ-Fragen beantworten können.

Die Bankberater müssen sich ernsthafte Gedanken machen. Sie werden wohl die nächsten sein, die weggeUBERt werden.

Meine Bank 2030 ist eine App

Mit den Zukunftsthemen beschäftige ich mich schon seit Jahren. Ich war aber trotzdem einigermassen überrascht, als ich von der

UBS eine Referatsanfrage bekam. Ich sollte im Oktober 2015 für die Ostschweizer Führungskräfte der UBS ein längeres Referat auf dem Wolfsberg, der Kaderschmiede der UBS, am schönen Bodensee halten. Da habe ich mir intensiv Gedanken gemacht, wie Banking in Zukunft aussehen könnte.

Es gibt meines Erachtens zwei Ausrichtungen:

- Die eine Ausrichtung umfasst Produkte und Dienstleistungen, die die Banken selber in der Hand haben. Sie können selber Prozesse, vor allem die Kundenprozesse, ständig optimieren und sich so von der Konkurrenz versuchen abzuheben.

- Die andere Ausrichtung haben sie vermutlich nicht selber in der Hand, denn es kommt mit der Blockchain einiges an Ungemach auf sie zu. Dazu aber später mehr.

Meine nun folgende Aussage ist nicht revolutionär oder gar «rocket science» (Raketenwissenschaft), wie die Amerikaner zu sagen pflegen. Die Entwicklung dazu ist jedoch absehbar. Die Anzahl der Bankfilialen nimmt laufend ab. Die Leute beziehen ihr Geld am Automaten und die Geschäfte erledigen sie zu Hause über E-Banking. Somit braucht es immer weniger Filialen. Diese Entwicklung ist gleichzeitig auch bei der Post zu sehen. Nur sind Schliessungen von Postfilialen ein Politikum. Die lokalen Behörden und die Bevölkerung versuchen, das zu verhindern. Dabei gibt es ja von der Post Ersatzdienstleistungen für wegfallende Filialen, wie zum Beispiel Postagenturen beim Einkaufsladen im Dorf. Bei den Banken ist es kein Politikum; man nimmt das hin.

Wozu braucht es überhaupt noch Filialen? Alle Geschäfte können heute aus der Distanz erledigt werden. Beratung geht übers Internet oder Telefon in der Regel ebenso gut. Und wenn wir den Roboadvisor einsetzen, dann braucht es die Beratung durch Menschen nicht mehr.

Update 3. Auflage 2019

Erinnern Sie sich noch an den Google Assistant in Kapitel 3, der einen Termin beim Friseur vereinbart hatte? Die Dame im Friseursalon hat nicht erkannt, dass eine künstliche Intelligenz angerufen hat. In wenigen Jahren werden Sie nicht mehr erkennen können, wenn Sie eine Firma anrufen, ob die antwortende Person ein Mensch oder ein Roboter ist. Vielleicht wollen Sie sich über etwas beschweren. Die künstliche Intelligenz, z.B. in Form einer Frauenstimme, erklärt Ihnen freundlich, dass sie Sie gleich mit ihrem Kollegen verbinden werde. Dabei bleibt die künstliche Intelligenz in der Leitung, es knackt etwas, damit es möglichst täuschend echt wirkt, und die gleiche künstliche Intelligenz antwortet nun mit einer Männerstimme – Sie aber denken, dass Sie nun mit dem Verantwortlichen sprechen. Für die einen tönt das gruselig, für mich wird es die logische Konsequenz sein.

Oliver Samwer, einer der Gründer von Zalando, sagte im Juni 2014 in einem Vortrag:

> «Geschäfte sind Mittelalter, sie wurden nur gebaut, weil es damals kein Internet gab.»

Diese Aussage kann man natürlich anfeinden, keine Frage. Wenn man sie nüchtern und sachlich betrachtet, dann muss man ihm recht geben. Wozu braucht es noch Ladengeschäfte, wenn es doch das Internet gibt? Erinnern Sie sich an die Geschichte im ersten Kapitel, wo Luca mit seinem Opa in die Stadt fährt, um in einem Showroom Produkte anzusehen, wie das Apple schon heute in seinen Stores macht? Transaktionen werden in diesem Szenario im Jahr 2030 entweder im Showroom oder ausschliesslich online getätigt.

Wozu braucht es denn noch Bank- oder Postfilialen, wenn wir alles online abwickeln können? Die Bank 2030 wird somit eine App sein, auf welchem Gerät auch immer. Die Kunden können alle ihre Bankgeschäfte dort abwickeln. Das gilt sowohl fürs Retail Banking wie auch fürs Private Banking. Spezialgeschäfte wie Mergers & Acquisitions oder Börsengänge hingegen werden weiterhin durch speziell geschulte und erfahrene Personen abgewickelt.

Update 3. Auflage 2019

Blockchain

Mit der Blockchain kommt nun – nicht nur für die Banken – eine Technologie auf uns zu, die unsere Art und Weise, wie wir Geschäfte und Transaktionen durchführen, völlig verändern wird.

Hand aufs Herz: Wissen Sie, was die Blockchain ist? Könnten Sie es Ihrer Grossmutter erklären, sodass sie es versteht? Und dabei vergeht kaum ein Tag, an dem man nicht einen Artikel über die Blockchain lesen kann. Doch leider wird die Blockchain immer viel zu technisch erklärt und verstanden. Wichtig ist, dass wir deren Konzept und Nutzen verstehen. Letztlich nützt die beste Technologie nichts, wenn wir keinen Nutzen daraus ziehen können. Ich versuche in diesem Kapitel, die Blockchain so zu erklären, dass der Nutzen daraus folgerichtig erkannt wird.

Blockchain ist nicht mit Bitcoin gleichzusetzen

Bestimmt haben Sie schon von Bitcoin gehört oder gelesen. Das wäre auch fast ein Wunder, wenn dem nicht so wäre, denn das Thema Bitcoin ist omnipräsent. Zuerst einmal müssen wir den Unterschied der beiden festhalten:

- Blockchain ist eine Basistechnologie, auf der man entsprechende Anwendungen entwickeln kann.

- Bitcoin ist eine solche Anwendung, die auf dem Blockchainkonzept bzw. auf der Blockchaintechnologie basiert. Bitcoin wird auch als Kryptowährung bezeichnet.

Was aber ist nun die Blockchain?

Blockchain ist eine dezentrale, hoch verschlüsselte Datenbank. Das tönt auf den ersten Eindruck etwas langweilig, doch versteckt sich dahinter eine der grössten Entwicklungen unserer Zeit.

Stellen Sie sich vor, Sie leihen einem Freund 100 Franken. (Dieses Beispiel funktioniert natürlich mit jeder Währung, das versteht sich von selbst.) Nach einem Monat möchten Sie Ihre 100 Franken wieder zurück. Doch Ihr Freund meint, es seien nur 50 Franken gewesen. Doch Sie sind ganz sicher, dass es 100 Franken waren. Wer ist im Recht? Haben Sie einen mündlichen oder schriftlichen Vertrag abgeschlossen? Wurde dieser vom Notar beglaubigt? Wohl kaum. So haben Sie ein Vertrauensproblem mit Ihrem Freund. Künftig werden Sie das bestimmt schriftlich abwickeln. Und vermutlich ist er danach nicht mehr Ihr Freund. Ihr Vertrauen hat er verspielt.

4. Den Umsatz von morgen machen die Andersdenkenden von heute

Und dabei ist das eine ganz normale Transaktion, wie sie häufig vorkommt. Wenn Sie das mit einer Bank gemacht hätten, hätte diese die Transaktion in ihrer Datenbank gespeichert und hätte Ihnen eine Quittung gegeben. Doch könnte der Bankserver oder Ihr Online-Zugang dazu gehackt werden. Keine Transaktion ist sicher. Je nach Medium kann sie gehackt, vergessen oder gestohlen werden.

Und genau hier setzt das Konzept der Blockchain auf. Sie ist sicherer, weil sie die Transaktionen dezentral und verschlüsselt speichert. Die gleiche Transaktion wie oben: Sie leihen Ihrem Freund 100 Franken aus. Im Raum sitzen 200 Zeugen, die die Transaktion notieren: A leiht B 100 Franken am xx.xx.xx um yy:yy Uhr aus. Jetzt wird diese Transaktion mit einem Algorithmus mit der vorhergehenden Transaktion verschlüsselt. Sobald 101 Zeugen, also mehr als die Hälfte, die Transaktion notieren und mit der vorherigen verschlüsselt haben, gilt diese als bestätigt.

Nach einem Monat möchten Sie Ihre 100 Franken wieder zurück. Nun kann Ihr Freund nicht mehr behaupten, es seien nur 50 Franken gewesen, denn nun haben Sie 200 Zeugen, die diese Transaktion notiert und bestätigt haben. Das ist so, wie wenn Sie 200 Notare diese Transaktion haben bestätigen lassen. Ihr Freund müsste jetzt mindestens 101 der Zeugen, also mehr als die Hälfte, gleichzeitig dazu bringen, auszusagen, dass es nur 50 Franken gewesen seien. Wenn diese Zeugen nun nicht mehr im gleichen Raum, sondern über die ganze Welt verteilt sind, wird diese Aufgabe ungleich schwieriger. Wenn Ihr Freund die Datenbanken der Zeugen hacken wollte, wäre das noch viel schwieriger, denn er müsste mindestens 101 dieser Datenbanken gleichzeitig hacken, die ja zudem hoch verschlüsselt sind.

Blockchain heisst es deshalb, weil die Transaktionen blockweise gespeichert werden. Und Kette (chain) heisst es darum, weil ein Block immer mit dem vorherigen und nachfolgenden Block verschlüsselt und gespeichert wird und so eine Kette bildet. Die Speicherung erfolgt blockweise in einer Kette und genau darum heisst dieses Konzept Blockchain.

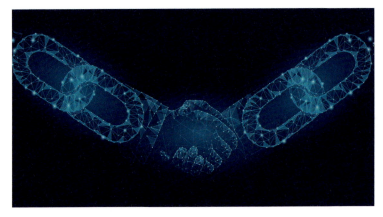

Abbildung 85: Die Blockchain ist eine verschlüsselte Kette, die blockweise, verschlüsselt und dezentral Transaktionen speichert (Bildquelle: shutterstock_760467970).

Das Wichtigste kommt aber jetzt. Es braucht keinen Intermediär bzw. Zwischenhändler mehr, um eine Transaktion abwickeln zu können. Wenn Sie mit einer heutigen Währung bezahlen, ist immer eine Bank beteiligt. Die Notenbank eines Landes druckt das Geld, das von den Geschäftsbanken in Umlauf gebracht wird. Privatpersonen können bei Geschäftsbanken ein Konto unterhalten und damit bezahlen. Mit Bitcoin oder einer anderen Kryptowährung ist das nicht mehr nötig. Dazu mehr im nächsten Abschnitt über die Kryptowährungen.

Wenn Sie im obigen Fall Ihrem Freund nun Bitcoin statt Franken leihen würden, wäre diese Transaktion auf der Blockchain verewigt. Da die Bitcoin-Blockchain über 100'000 Nodes umfasst, so werden die Netzwerkknoten bezeichnet, müssten gleichzeitig über 50'000 Nodes gehackt werden. Die Blockchain selber gilt heute als nicht hackbar. Der Aufwand wäre zu gross und zu kostspielig; es würde sich schlicht nicht rechnen. Gehackt werden kann allerdings nur das Wallet oder die Kryptobörse. Ein Wallet ist der Ort, wo der Schlüssel zur Blockchain gespeichert ist. Nur mit diesem können Sie Transaktionen auslösen. Eine Kryptobörse ist eine Plattform, wo Sie Kryptowährungen kaufen und verkaufen können. Diese Börse stellt Ihnen ein Wallet zur Verfügung, mit dem Sie Ihre Kryptowährungen verwalten können. Das entspricht einer Bank, die Ihnen über einen Onlinezugang den Zugang zu Ihren Konten gibt.

Der digitale Tsunami kommt auch mit der Blockchain

Vor einiger Zeit hat mein Sohn Patrick die Blockchain auf Twitter erklärt: «Das Internet hat die Art und Weise, wie wir miteinander kommunizieren, verändert; die Blockchain verändert die Art und Weise, wie wir einander vertrauen.» Das war die Antwort auf eine Frage eines Politikers, der die Blockchain in einem einzigen Satz erklärt haben wollte.

Patrick Eugster @Patrick_Eugster · 19 h
Das Internet hat die Art und Weise wie wir miteinander kommunizieren verändert; die #Blockchain verändert die Art und Weise wie wir einander vertrauen

Abbildung 86: Die Blockchain in einem Satz erklärt
(Quelle: https://twitter.com/Patrick_Eugster/status/978929525894631424)

Er trifft es auf den Punkt. Dank der sicheren und dezentralen Speicherung der Transaktionen können wir einander besser vertrauen. Ihr Freund – wenn er dann noch Ihr Freund ist – wird dank der Blockchain nicht mehr etwas Unwahres behaupten, denn er weiss, dass die Blockchain nicht hackbar und die Transaktion unveränderbar für alle Ewigkeit ist.

Zur Abrundung Ihrer Kenntnisse über die Blockchain empfehle ich Ihnen die vielen Erklärvideos, die es auf YouTube gibt. Ich habe für Sie zwei recherchiert, die ich Ihnen empfehlen kann. Selbstverständlich ist das nur eine ganz kleine Auswahl. Dank Google und YouTube und den vielen Produzenten solcher Inhalte können Sie sich heute sehr schnell dieses Wissen aneignen:

Das erste Video mit dem Titel «Was ist eine Blockchain?» wurde von der NZZ (Neuen Zürcher Zeitung) am 4.1.2018 auf YouTube zur Verfügung gestellt.

Abbildung 87: Was ist eine Blockchain?
(Quelle: NZZ auf YouTube. https://www.youtube.com/watch?v=ZU8pMQfnTq0, Bildquelle: shutterstock_495741676)

Das zweite Video mit dem Titel «Blockchain einfach erklärt – Blockchain Valley Conference» wurde vom GDI (Gottlieb Duttweiler Institut) am 6. Juni 2017 hochgeladen.

Aus urheberrechtlichen Gründen verwenden wir für den Aufruf obiger beider Videos über die App Xtend ein lizenziertes Beispielfoto und keinen Screenshot aus dem Video.

Abbildung 88: Blockchain einfach erklärt – Blockchain Valley Conference (Quelle: GDI auf YouTube. https://www.youtube.com/watch?v=Dy5bG9zxKwc, Bildquelle: shutterstock_789618)

Wie Sie ja bereits wissen, können Sie die Videos über die App Xtend oder über die Landingpage aufrufen: https://eugster.info/uebermorgen/videos.

Dank der Blockchain können künftig jegliche Eigentumsübertragungen erfolgen. Die Blockchain wurde konzipiert, um Verträge abwickeln zu können. Ein Barkauf an einem Kiosk beispielsweise ist ein formloser Vertrag, der mit dem Kauf zustande gekommen ist. Die Finanztransaktion ist die Erfüllung des Vertrages.

So können dank der Blockchain nicht nur Verträge für Geldtransaktionen abgewickelt werden, sondern auch einfache oder komplexere Verträge. Dadurch wird eines Tages das Grundbuchamt oder das Handelsregisteramt überflüssig, weil auch das letztlich Verträge oder Eigentumsübertragungen sind, die mit der Basistechnologie Blockchain erfolgen können. Letztlich braucht es dafür eine Anwendung, die auf der Blockchain aufbaut.

Die Blockchain ermöglicht auch sogenannte Smart Contracts. In Smart Contracts können zum Beispiel Abhängigkeiten integriert werden. Angenommen, Sie haben Ihr Auto geleast, und Sie haben vergessen, die letzte Rate zu zahlen. Wenn Sie nun in Ihr Auto einsteigen, dann können Sie es nicht starten, weil die Bedingung der Ratenzahlung nicht erfüllt ist.

Doch wieder zurück zu den Banken. Dank der Blockchain braucht es keine Bank mehr, die das Geschäft abwickelt. Menschen können dank der Blockchain Geld oder andere Besitztümer ohne «Zwischenhändler» übertragen. An dieser Stelle werfen die Leute immer ein, dass das ja nicht sicher sein könne. Sie vertrauen ihrer Bank. Das wird aber dank der Blockchain nicht mehr nötig sein, denn die Transaktionen können ohne Mittelmänner erfolgen und sind sicherer als bei einer Bank.

Update 3. Auflage 2019

Was sind Kryptowährungen wirklich?

An dieser Stelle möchte ich den Leserinnen und Lesern eine neue Sicht auf die Blockchain und Kryptowährungen geben, da in diesem Punkt meines Erachtens immer noch eine Desinformation der meisten Personen besteht.

Die Finanzmarktaufsicht der Schweiz hat 2018 die Kryptowährungen in drei Kategorien eingeteilt. Sie unterscheidet funktional drei Arten, wobei auch Mischformen auftreten können:

- Zahlungs-Token sind mit reinen «Kryptowährungen» gleichzusetzen, ohne mit weiteren Funktionalitäten oder Projekten verknüpft zu sein. Token können in gewissen Fällen erst mit der Zeit die notwendige Funktionalität und Akzeptanz als Zahlungsmittel entwickeln.

- Nutzungs-Token sind Token, die Zugang zu einer digitalen Nutzung oder Dienstleistung vermitteln sollen.

- Anlage-Token repräsentieren Vermögenswerte wie Anteile an Realwerten, Unternehmen, Erträgen oder Anspruch auf Dividenden oder Zinszahlungen. Der Token ist damit hinsichtlich seiner wirtschaftlichen Funktion wie eine Aktie, Obligation oder ein derivatives Finanzinstrument zu werten.

Quelle: *https://www.finma.ch/de/news/2018/02/20180216-mm-ico-wegleitung/*

Zahlungs-Token

Bitcoin ist die bekannteste und wichtigste Kryptowährung (eine Art digitales Geld). Ein Coin oder Token ist eine Kryptowährung, die Sie besitzen können. Token oder Coins haben aber ein technisch unterschiedliches Konzept. Ein Coin verwendet eine eigene Blockchain für die Speicherung aller Transaktionen. Ein Token hingegen verwendet für die Speicherung eine fremde Blockchain.

Bitcoin erhitzt derzeit auch die Gemüter wie keine andere Währung. Bitcoin hätte keinen inneren Wert und sei ein reines Spekulationsobjekt. Bei Diskussionen werfe ich jeweils ein, dass auch Aktien oder andere Währungen Gegenstand von Spekulationen sind. Spekulieren Sie auf einen steigenden Wert, steigt auch der Wert des Spekulationsobjektes.

Gemäss Johann Gevers, Gründer und CEO der Firma Monetas, ist das Bitcoin-Netzwerk heute in der Lage, pro Sekunde sieben Transaktionen durchzuführen. Alleine VISA führt pro Sekunde 2000 Transaktionen weltweit durch. Bitcoin könnte also noch keine Ersatzwährung für alle Transaktionen weltweit sein – denn diese betragen weltweit 500'000 pro Sekunde *(Gevers Johann, The Future of Finance, Hayek-Feder Nr. 8, Oktober 2016).*

Und Bitcoin verbraucht wegen der Herstellung der Coins, dem sogenannten Mining, sehr viel Energie, weil der Rechenaufwand für die Berechnung der neuen Bitcoins immer aufwendiger wird. Doch alle diese Nachteile können mit neuen Konzepten der Blockchain verbessert werden. Da es sich um Software handelt, kann man diese auch einfacher ändern. Da hätte es die EZB (Europäische Zentralbank) wesentlich schwieriger, einen neuen Euro herauszugeben.

4. Den Umsatz von morgen machen die Andersdenkenden von heute

Im folgenden Erklärvideo «Kryptowährung einfach erklärt (explainity® Erklärvideo)» sehen Sie eine Anwendung der Blockchaintechnologie.

Abbildung 89: Kryptowährung einfach erklärt (Quelle: explainity® Erklärvideo. https://www.youtube.com/watch?v=blMoryQcfUM, Bildquelle: shutterstock_1136959580)

Aus urheberrechtlichen Gründen verwenden wir für den Aufruf des obigen Videos über die App Xtend ein lizenziertes Beispielfoto und keinen Screenshot aus dem Video.

Wie Sie ja bereits wissen, können Sie dieses Video über die App Xtend oder über die Landingpage aufrufen:
https://eugster.info/uebermorgen/videos.

Stellen Sie sich bitte also vor, dass künftig ein beträchtlicher Teil an Transaktionen zwischen den beteiligten Akteuren wie Personen oder Maschinen erfolgt und dabei nicht mehr über die Banken als Intermediäre läuft. Was bedeutet das dann für die Banken?

Bitcoin stellt laut Gevers die erste Generation Blockchain dar. Das Zuger Start-up Ethereum, das bereits zu den Einhörnern des Internets gezählt wird (Wert über eine Milliarde US-Dollar), hat die zweite Generation Blockchain entwickelt. Und es gibt bereits weitere Start-ups, die Blockchains der dritten Generation entwickeln. Jede disruptive Technologie hat neben dem revolutionären auch einen evolutionären Ansatz. Sie entwickelt sich in Schritten.

Anlage-Token
Auf diese Kategorie möchte ich nur ganz kurz eingehen. Statt einem Beteiligungspapier in Form einer Aktie oder eines Partizipationsscheines können Sie auch Token als Beteiligung an einer Firma kaufen. Diese sind dann unveränderbar auf einer Blockchain gespeichert. Die Ausgabe von Tokens wird ICO (Initial Coin Offering) oder TGE (Token Generating Event) genannt.

Stellen Sie sich vor, dass in einigen Jahren ein substanzieller Teil solcher Finanzierungen direkt und nicht mehr über Banken oder andere Finanzintermediäre läuft, dann haben auch diese Mittelsmänner ihre Disruption.

Nutzungs-Token
Die Nutzungs-Token stellen für mich die interessanteste Kategorie dar. Zum Beispiel können Sie mit dem oben erwähnten Ethereum sogenannte Smart Contracts ausführen. Sobald eine Bedingung erfüllt ist, wird eine Aktion automatisch ausgelöst. Der Versicherungskonzern AXA hat eine solche Versicherungspolice im Angebot. Es handelt sich um eine Flugverspätungsversicherung. Wenn Sie eine solche Versicherung abgeschlossen haben

4. Den Umsatz von morgen machen die Andersdenkenden von heute

und Ihr Flug um eine bestimmte Zeit verspätet ist, wird Ihnen automatisch und ohne manuelle Aktion der Ihnen zustehende Betrag überwiesen.

Nutzungs-Token erlauben aber auch neue Ökosysteme oder neue Geschäftsmodelle. Doch mehr dazu später im Kapitel «Sind Ihre Geschäftsmodelle für die Digitalisierung zukunftstauglich?»

Es häufen sich aber gegenüber diesen Entwicklungen wie Blockchain, Roboadvisor, Fintech, ICO etc. auch die kritischen Stimmen, die behaupten, die Disruption in der Bankenbranche würde nicht stattfinden. Wenn Sie Banker sind, wem glauben Sie lieber? In Verlegerkreisen gab es damals auch Leute wie Rupert Murdoch, die sagten, die Zeit des Internets sei bald vorüber. Und wo stehen die Verlage gegenüber Google, Amazon und Facebook heute? Eben. Glauben Sie nicht den Stimmen, die Ihnen weismachen wollen, dass alles vorübergehe. Es wird nicht – glauben Sie mir.

Antony Jenkins, der ehemalige CEO der britischen Bank Barclays, drückte es in einer Rede im November 2015 wie folgt aus: «Banken werden bald ihre ‹UBER-Momente› erleben.» *https://www.gdi.ch/de/publikationen/trend-updates/die-angst-vor-dem-uber-moment*.

Die Banken werden sich ähnlich der Telekommunikationsunternehmen neu erfinden müssen. Banken werden möglicherweise zum «Trusted Advisor» (vertrauenswürdiger Berater) und zum Anbieter von integrierten Finanzdienstleistungen. Extreme Ansichten gehen sogar so weit, dass 2030 Banken nur noch Transaktionsprovider ohne Kundenkontakt und ohne Filialen sind.

So passt zum Abschluss dieses Themas über die Blockchain ein Zitat von Bill Gates aus dem Jahre 1994 perfekt:

> «Banking is essential, Banks are not.»

So taufte ich meinen Vortrag für die UBS in Anlehnung an dieses Zitat: «Banking braucht es immer, braucht es dazu auch Banken?» Wir werden sehen, wer recht bekommt. Letztlich entscheidet immer der Markt.

Wie geht es mit der Disruption weiter?

Wenn Sie vielleicht gedacht haben, die Blockchain sei die letzte disruptive Technologie gewesen, so muss ich Sie leider enttäuschen. Die Entwicklung geht munter weiter.

Das Gottlieb Duttweiler Institute (GDI) in Rüschlikon am Zürichsee in der Schweiz veröffentlicht ab und zu seine Übersicht über die Disruption und in welcher Phase sich diese befindet. Auf der einen Achse sehen wir die Technologie und auf der anderen das Bewusstsein (Mindset). Bei der Technologie beginnt es bei der Vision, geht über Prototypen und endet dann, wenn es für uns ganz natürlich und normal ist. Beim Mindset beginnt die Skala bei «fremd» und «nicht akzeptiert», bis wir auch diese Denkweise als ganz natürlich empfinden.

Das Fernsehen beispielsweise ist vom Bewusstsein wie auch von der Technologie her etwas völlig Normales für uns. Auch diese Technologie war einmal fremd oder eine Vision, wenn man in der Zeit weit genug zurückgeht.

Telepathie zum Beispiel ist auf der Übersicht bei der Technologie im Prototypenstadium und im Bewusstsein noch nicht akzeptiert, ausser vielleicht in Nischen.

Das Drucken von Organen (Organ Printing) ist technologisch punktuell ebenfalls schon möglich und in der Gesellschaft akzeptiert, weil es ja einen Nutzen generiert. Man kann heute schon – wie im Kapitel über den 3D-Druck kurz erwähnt – menschliche Haut und Ohren drucken. Wer durch einen Brandunfall seine Haut oder Ohren dank dem 3D-Drucker ersetzen kann, wird von dieser Technologie begeistert sein. Zum Beispiel wäre Niki Lauda, der frühere Formel-1-Pilot, im Jahre 1976 nach seinem schrecklichen Unfall froh gewesen, man hätte schon damals Haut und Ohren drucken können. Und wenn Sie in einigen Jahren ein neues Herz brauchen und es dann «frisch gedruckt» aus dem 3D-Drucker kommt, werden Sie begeistert sein.

Die Übersicht des GDI stammt aus dem Jahre 2014. Eine neuere gibt es bis dato leider nicht. Somit muss man diese zwei Jahre in der Entwicklung berücksichtigen.

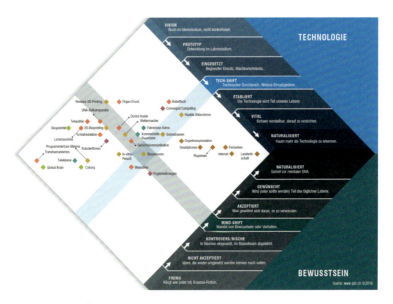

Abbildung 90: Übersicht Disruption nach Technologie und Mindset (Quelle: Gottlieb Duttweiler Institute, www.gdi.ch, Concept:
Cisco, GDI Gottlieb Duttweiler Institute. Stages of technological development based upon Pyramid of Technology model by Van Mensvoort, 2014)

Die Disruption wird tiefgreifenden Einfluss auf unser Leben haben. Wir haben alle hautnah erlebt, wie wir heute völlig anders als früher kommunizieren. Die Erfindung disruptiver Technologien wird weitergehen.

Es gibt die Erfinder und Gründer, die neue Technologien und Geschäftsmodelle vorwärtsstreiben. Auf der anderen Seite gibt es die, die das verhindern wollen, die keinen Fortschritt um jeden Preis wollen. So wehrt sich die Schweizer Gewerkschaft Unia offen gegen die «UBERisierung».

4. Den Umsatz von morgen machen die Andersdenkenden von heute

> Doch können wir das aufhalten,
> was begonnen und angestossen wurde?

Wenn wir sehen, welche Innovationskraft gewisse Exponenten an den Tag legen, da wird es den einen angst und bange, andere wie die Zukunftsmissionare und -botschafter freuen sich darauf. Das ist einfach eine Frage des Standpunkts.

Wenn wir hören, dass der Gründer von PayPal, SpaceX und Tesla, Elon Musk, den Mars erobern will und bis 2019 über 4400 Satelliten ins All schiessen will, damit er die ganze Welt mit Drahtlos-Internet verbinden kann, dann ist kein Ende solch grosser Ideen in Sicht.

Als die Schweiz in den 1880er-Jahren den 15 Kilometer langen Gotthardtunnel gebaut hatte, war das für die damalige Zeit eine ungeheure Leistung. Gleich anschliessend, von 1896 bis 1912, wurde die Jungfraubahn gebaut. Die kühne Idee damals war es, eine Bahn bis auf die 4158 Meter hohe Jungfrau zu bauen. Man schaffte es schliesslich aus finanziellen Gründen «nur» bis auf 3454 m ü. M., wo heute auf dem Jungfraujoch die höchste Bahnstation Europas betrieben wird. Heute ist das ein Touristenmagnet sondergleichen. Heerscharen von Asiaten werden jährlich da hochgekarrt. Damals gab es bei uns in der Schweiz, in Europa, die Leute mit solch verrückten Ideen und Visionen. Es braucht diese Leute, damit wir uns weiterentwickeln.

Heute müssten wir bestimmt zuerst mehrere Unverträglichkeitsprüfungen (UVP) durchführen. Ich glaube deshalb nicht, dass die Jungfraubahn heute nochmals gebaut werden könnte. Nichts gegen eine UVP, aber das hindert die Umsetzung von Visionen doch ganz erheblich.

Die Visionäre der Digitalisierung sitzen heute vorwiegend in den USA: Google, Jeff Bezos von Amazon, Elon Musk (PayPal, SpaceX, Tesla), UBER, Airbnb, Watson (IBM) und noch viele Tausend Start-ups mit neuen, grossartigen Ideen. Apple zähle ich seit dem Tod von Steve Jobs nicht mehr dazu. Sie betreiben ein gutes «Versionsmanagement» und eilen von einer iOS- und iPhone-Version zur nächsten. Die grossen revolutionären Ideen aber fehlen heute.

Es gibt auch immer wieder Rückschläge zu verzeichnen. Jede neue Technologie braucht ihre Zeit bis zu einem hohen Reifegrad.

Seien Sie offen für alle Entwicklungen. Die Bewahrer und Verhinderer werden eines Tages weggeUBERt werden, und den Umsatz von morgen machen die Andersdenkenden von heute.

5. Wann werden Sie weggeUBERt?

> **In diesem Kapitel ...**
>
> ... erfahren Sie, wie Sie als Individuum mit den Folgen der Digitalisierung umgehen können, damit Sie möglichst kein Opfer derselben werden. Wie können Sie sich strategisch intelligent verhalten?

Drei Geschichten aus dem Leben gegriffen

Wie ich schon erwähnt habe, habe ich mir eine kleine Auszeit auf Gran Canaria gegönnt, um das vorliegende Buch schreiben zu können. Zu Hause ist jeweils zu viel los und dann ist es schwierig, sich auf eine Sache voll konzentrieren zu können.

Als ich in Las Palmas gelandet war, wurde mir gezeigt, wo der Bus für den Transport ins Hotel warte. Als ich beim Bus ankam, wollte ich mich beim Busfahrer erkundigen, ob es der richtige Bus sei. Der Busfahrer sah wie ein Holländer aus, und so sprach ich ihn direkt auf Englisch an. Er antwortete mir auf Spanisch und erklärte mir, dass er nur Spanisch spreche.

Das Gleiche passierte mir anderntags mit einer Taxifahrerin. Sie wartete vor dem Hotel. Ich wollte sie für die Fahrt in den Nachbarort buchen. Doch auch sie sprach nur Spanisch.

Da war ich schon sehr erstaunt. Gran Canaria hat rund 850 000 Einwohner. Jedes Jahr besuchen 2,8 Millionen Touristen die Insel, also mehr als dreimal so viele Personen wie die Insel Einwohner hat. Die beiden Fahrer, Busfahrer und Taxifahrerin, chauffieren tagtäglich Leute aus aller Welt herum, die vermutlich kaum Spanisch sprechen.

Die Chance, dass eine nichtspanischsprechende Person bei ihnen einsteigt, ist um ein Vielfaches höher, als dass ein Einheimischer oder Spanier bei ihnen einsteigt. Und die Touristen sprechen am ehesten Englisch oder Deutsch. Was denken Sie: Haben die beiden in fünf oder zehn Jahren noch einen Job? Der Busfahrer war so um die 40 bis 45 und die Taxifahrerin vermutlich so gegen 60 Jahre alt.

Die Taxifahrerin dürfte sich noch über die Ziellinie, sprich Pensionierung, retten. Beim Busfahrer hingegen bin ich nicht so zuversichtlich. Er wird noch erleben, dass sein Bus durch einen selbstfahrenden Bus ersetzt wird. Was macht er dann? Als Fremdenführer kann man ihn ja nicht einsetzen, weil er keine Fremdsprachen spricht. Und auch diese Funktion wird einmal von einem Roboter übernommen.

Wenn das Zimmermädchen im Hotel nur Spanisch spricht, dann kann ich das noch verstehen, aber doch nicht bei den Berufen, wo die Kommunikation derartig wichtig ist.

Ich kann und will nicht verstehen, dass sich die Leute keine Gedanken über ihre persönliche Zukunft machen. Da karrt der Busfahrer jährlich Tausende Touristen von A nach B und ist nicht willens, die Grundbegriffe der Weltsprache Englisch zu lernen. Das gibt einmal einen Sozialfall, und er wird dadurch frustriert sein, dass man ihn als über 50-Jährigen auf dem Arbeitsmarkt nicht mehr brauchen kann.

Eine andere Geschichte. Meine Frau war früher Handarbeitslehrerin. Als sie schon einige Jahre in ihrem Beruf tätig war, erfuhr sie von den zuständigen Behörden, dass ihre Funktion in einigen Jahren aufgehoben würde. Sie machte sich Gedanken, wie sie sich umschulen lassen könnte, damit sie weiterhin einen Job hat. Sie hat im relativ «hohen» Alter von 40 Jahren noch die Matura auf dem zweiten Bildungsweg erfolgreich absolviert, sodass sie an der Pädagogischen Hochschule Primarlehrerin studieren konnte. Heute ist sie im Beruf als Primarlehrerin tätig. Während aller Jahre beobachtet sie den Werdegang ihrer damaligen Kolleginnen. Die wenigsten haben sich weitergebildet, obwohl sie den gleichen Kenntnisstand über die Veränderungen in ihrem Job hatten. Für mich wieder einmal unverständlich, wie man mit solchen Situationen umgeht und nicht handelt.

Erlauben Sie mir eine dritte Geschichte, die das ganz eindrücklich schildert? Ich habe auf Gran Canaria einen Tag frei von meinen Schreibferien genommen. Nach neun Tagen Schreiben hatte ich es nötig. So habe ich ein Auto gemietet, mit dem ich die Insel, vor allem die Berge, erkundet habe. Es war ein tolles Erlebnis, so ohne Verdeck durch die Berge zu brausen.

Ich erzähle Ihnen nun, wie ich den ganzen Buchungsprozess erlebt habe und anschliessend, wie UBER das wohl machen würde.

Es war vereinbart, dass ich das Auto um 9.15 Uhr in Empfang nehmen könne. Ich war dann erst um 9.20 Uhr am Schalter. Die Dame war auch erst gerade eingetroffen und war etwas unfreundlich. Sie wirkte gestresst. Sie übergab mir den Mietvertrag, der nur auf Spanisch war. Der Vertrag war ein Durchschreibepapier, wo man die Kopie kaum lesen konnte (hallo, wir schreiben das Jahr 2016!). Das kennen Sie bestimmt. Ich unterzeichnete trotzdem und bezahlte bar.

Die Dame übergab mir das Fahrzeug und erfasste die bestehenden Schäden am Fahrzeug auf einem Formular. Das Formular war wiederum nur auf Spanisch und ich verstand ihre Bemerkungen nicht. Ich sollte auch hier unterschreiben, was ich dann nicht tat und die Dame aufmerksam machte, dass ich es nicht verstünde. Sie sagte mir dann, ich solle dann halt nicht unterschreiben, und unterschrieb selber. Zu meiner Entlastung habe ich mit meinem Smartphone Bilder von den Schäden am Auto geschossen.

Als ich sie auf die Quittung ansprach, verwies sie auf den Vertrag. Da ich aber bar bezahlt hatte, war das ja keine Quittung. Sie unterzeichnete auf meine Aufforderung nun den Vertrag, leicht säuerlich, wohlbemerkt.

Sie übergab mir das Fahrzeug mit dem Navigationsgerät. Als ich das Navi einschaltete, war es vermutlich vom Vormieter her noch auf Polnisch eingestellt. Da ich bei Gadgets nicht der Ungeschickteste bin, konnte ich das rasch selber einstellen. Nun wollte ich das Dach herunterlassen, weil ich ja ohne Verdeck fahren wollte. Guter Rat war teuer. So fragte ich die Dame, wie man das macht, worauf sie mir das zeigte.

Nach der tollen Ausfahrt wollte ich wieder ins Hotel zurück. Es wäre ja nichts einfacher, als dass man den Home-Button auf dem Navi wählt. Sie ahnen es bestimmt: Der Home-Button war nicht auf mein Hotel eingestellt. So musste ich mühsam über mein Smartphone die Adresse des Hotels recherchieren, damit ich schliesslich «nach Hause» gelangte.

Das war ja ein «tolles» Kundenerlebnis! Da stimmen Sie mir bestimmt zu.

Wie wäre das «UBERisiert» abgelaufen?

Damit ich nicht immer Amazon als Paradebeispiel für ein wirklich tolles Kundenerlebnis aufführen muss, möchte ich hier UBER nennen. Ich möchte ganz explizit UBER der Zukunft beschreiben, wie das in Zukunft einmal vonstattengehen wird.

Bei UBER hätte ich die UBER-App in meiner Muttersprache gestartet und hätte dort meine Buchung aufgegeben. Bezahlt hätte ich natürlich über die App, wo meine Zahlungen erfasst sind, die selbstverständlich künftig über eine auf Blockchain basierenden Plattform erfolgt wären. Zusätzlich hätte ich eine E-Mail mit dem Vertrag und der Quittung bekommen. Pünktlich wäre mein Auto bereitgestanden. Dank dem Konzept von Smart Contract (Blockchain) wüsste mein Auto, dass ich dank dem Abscannen des QR-Codes oder Funkchips auf meinem Smartphone der berechtigte Mieter für das Fahrzeug bin. Das Auto wird unmittelbar während der ganzen Mietdauer freigegeben, sobald ich mit meinem Smartphone einsteige.

Die Schäden am Auto müssten nicht erfasst werden, da es ja kaum Schäden an selbstfahrenden Autos gäbe. Bei noch manuell gesteuerten Fahrzeugen würde man mit dem Smartphone kurz um das Auto laufen und per Video die Schäden vor der Fahrt kurz in Bewegtbild festhalten und dazu sprechen. Damit hat man ohne Formular die Schäden digital aufgezeichnet. Man muss eben die Hilfsmittel, die man heute schon hat, auch nutzen!

Beim erstmaligen Einstieg werde ich freundlich von einer Damenstimme (habe ich in der App so als Standard gewählt) begrüsst. Sie fragt in meiner Muttersprache, ob ich Instruktionen benötige.

Ich frage sie, wie man das Autodach nach hinten klappen kann. Sofort wird ein Video im Display gezeigt und ich weiss Bescheid. Natürlich kann ich das auch mit Sprachbefehl steuern, indem ich sage, sie solle bitte das Dach herunterklappen.

Die Angabe des Zielortes im Navigationsgerät erledige ich auch per Sprache. Während der Fahrt macht mich die Dame immer wieder auf Sehenswürdigkeiten in der Umgebung aufmerksam. In den Bergen ist es sehr hilfreich, wenn sie mir die Namen der markanten Berge nennt. Wenn ich einen Kaffee trinken möchte, sage ich ihr das, und sie führt mich zum nächsten Ausflugsrestaurant. Ganz am Schluss meiner Ausfahrt sage ich ihr, dass ich zurück ins Hotel möchte, und schon führt sie mich dorthin.

Das obige Szenario ist auch ohne selbstfahrende Autos möglich. Eine erste Lösung wäre bestimmt auch ohne Smart Contract machbar. Man müsste nur kundenorientiert denken und sich fragen, was der Kunde alles für ein tolles Kundenerlebnis braucht. Der Kunde braucht ganz bestimmt keinen Vertrag nur auf Spanisch, sondern in seiner Muttersprache. Ebenso müsste die Quittung ohne Nachfragen ausgestellt werden. Dann ist doch klar, dass man das Navi auf die Kundensprache und die Homeadresse auf das Hotel des Kunden einstellen kann, wenn man will. Aber die wollten einfach nicht.

Und da frage ich mich ganz ernsthaft, wann die wohl wegge-UBERt werden. Da kommt plötzlich ein Anbieter und der bietet dieses tolle Kundenerlebnis, dann haben die anderen plötzlich keine Kunden mehr – und die Dame von der Vermietung keinen Job. Oder aber der Autovermieter reagiert und legt nach. Die

5. Wann werden Sie weggeUBERt?

Konkurrenz ist oftmals der beste Innovationstreiber. Bei einem klassischen Geschäftsmodell wie dem des Autoverleihs kann das noch gutgehen, doch bei einem rein digitalen Geschäftsmodell ist man schnell weggeUBERt, ohne dass man nachlegen kann.

Update 3. Auflage 2019

Zwei Jahre später befinde ich mich wieder auf Gran Canaria. Und wieder erlebe ich ähnliche Geschichten wie vor zwei Jahren. Um etwas Abwechslung in meinen Autorenjob zu bringen, habe ich einen Tagesausflug nach Teneriffa gebucht. Das war wirklich ein Erlebnis. Allerdings musste ich schon um 5.30 Uhr für den Bus bereitstehen, der mich abholte. Ein junger Einheimischer wartete auch. Ich sprach ihn an, weil ich meinte, dass er mich für den Ausflug im Hotel abholen sollte. Doch er wartete als Tourguide auf jemand anders. Er sprach kein Wort Englisch. Unglaublich, aber er arbeitet als privater Tourguide auf Gran Canaria, wo es mehr fremdsprachige Touristen als Spanisch sprechende Einheimische oder Touristen gibt! Dank der Simultanübersetzung mit Google Translate hielt ich ihm einen Vortrag, dass ich das überhaupt nicht gut fände, dass er kein Englisch spreche, und dass er so einmal keinen Job mehr haben werde. Google hat meine Sätze unmittelbar übersetzt und er hat immer vielsagend genickt, als die Übersetzung auf Spanisch hörbar wurde. Wann begreifen endlich die Leute, dass sie selbst entscheidend mitgestalten können, ob man sie in ein paar Jahren am Markt noch braucht oder ob sie einmal zum Sozialfall werden?

Nun meine etwas provokative Frage an Sie:
Wann werden Sie weggeUBERt?

Jeder und jede braucht eine persönliche Strategie, damit es ihn oder sie auch in x Jahren noch am Markt braucht.

Hand aufs Herz! Machen Sie sich auch Gedanken, ob es Ihren Job in fünf oder zehn Jahren noch gibt? Oder ist es absehbar, dass Sie sich über die Ziellinie retten können?

Wenn wir die ganzen Entwicklungen aus Kapitel 3 und 4 nochmals Revue passieren lassen, dann können Sie sich vielleicht ausmalen, wie gut Ihre Chancen sind oder ob Sie sich besser in eine andere Richtung entwickeln.

Wie wir in Kapitel 4 gesehen haben, kann ein disruptives Geschäftsmodell das Ihres Arbeitgebers sehr schnell gefährden und im schlimmsten Fall zum Konkurs führen, wie das viele Beispiele belegen. Und dann sind auch Sie Ihren Job los. Was tun Sie dann? Hartz 4 oder Sozialamt sind bestimmt keine erstrebenswerten Alternativen für Sie. Bei der Stellensuche wird man Sie fragen, was Sie in den letzten Jahren an Weiterbildung gemacht hätten. Wenn Sie dann sagen, Sie hätten eben keine Zeit gehabt, weil Sie ... und dann vermutlich hundert Gründe aufführen, warum Sie keine Weiterbildung gemacht haben, dann wird das niemanden interessieren.

Nach Benjamin Franklin bringt eine Investition in Wissen noch immer die besten Zinsen. Und das ist wahr. Eine persönliche Strategie muss es sein, sich immer wieder weiterzubilden. Der schwierigere Teil wird sein: In welche Richtung wollen Sie sich entwickeln? Es ist nie zu spät, sich weiterzubilden, wie das Beispiel meiner Frau weiter oben zeigt. Aber Sie müssen es einfach tun.

In unserem Bekanntenkreis können wir das auch beobachten. Da gibt es zum Beispiel Markus, der sich schon seit über 20 Jahren am Montagmorgen mit Widerwillen an seinen Arbeitsplatz quält. Er zählt die Tage bis zu seiner Pensionierung. Kennen Sie den «Markus» in Ihrem Bekanntenkreis auch? Oder noch schlimmer: Sind Sie selber dieser Markus? Falls ja, dann müssen Sie unbedingt etwas tun.

Was ist Ihre persönliche Vision?

Ich empfehle Ihnen, eine SWOT-Analyse für sich selber zu machen. Bei der SWOT-Analyse nehmen Sie am besten ein leeres Blatt Papier und machen je einen Strich mittig in der horizontalen und einen in der vertikalen Richtung. So bekommen Sie vier Felder. Oben links schreiben Sie S für Strengths (Stärken), oben rechts W für Weaknesses (Schwächen), unten links O für Opportunities (Chancen) und unten rechts T für Threats (Bedrohungen).

S und W stehen für die Innenbetrachtung bzw. ist die Unternehmensanalyse (Resource-Based View). In diesem Falle sind Sie das Unternehmen, denn es geht um Ihre persönliche Zukunft. Schreiben Sie dort, was Sie gut können und wo Sie weniger gut sind. O und T stehen für die Betrachtung des Marktes oder der Umwelt (Market-Based View). Wo gibt es Chancen und Gefahren, die auf uns oder Sie zukommen?

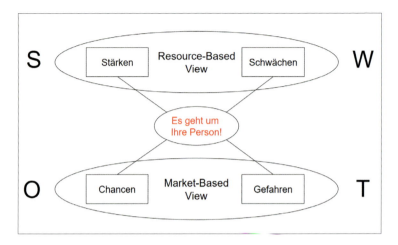

Abbildung 91: SWOT-Analyse (Bildquelle: Schulungsunterlagen von Jörg Eugster in Anlehnung an: Market- und Resource-Based View als gegenseitige Ergänzung. Digital Erfolgreich. Fallstudien zu strategischen E-Business-Konzepten. Petra Schubert et al., 2. Auflage. Springer Verlag 2003, Seite 61)

Vielleicht machen Sie diesen Prozess mit einem Coach, Ihrer besten Freundin bzw. Ihrem besten Freund, der sie gut kennt und Ihnen auch ungeschminkt sagen darf, was Sache ist.

Sie finden viel Nützliches auf Wikipedia unter *https://de.wikipedia.org/wiki/SWOT-Analyse*.

Dann nehmen Sie noch ein Blatt Papier und machen wieder je einen horizontalen und vertikalen Strich in der Mitte des Blattes. Oben rechts schreiben Sie «Meine Stärken» und unten links «Meine Chancen». Dann nehmen Sie jede Ihrer Stärken und kombinieren diese mit je einer Chance. Das ergibt dann eine grosse Zahl an Kombinationen. Zu jeder Kombination versuchen Sie, ein persönliches Ziel zu setzen. Auch hier sollten Sie die Unterstützung

Ihrer Freunde anfragen. Genau für so etwas hat man ja auch gute Freunde, nicht nur, um Fussball zu sehen oder ins Kino zu gehen.

Aus der Erkenntnis der SWOT-Analyse sollten Sie eine persönliche Vision und Mission entwickeln. Vision: Wo sehen Sie sich in fünf bis zehn Jahren? Mission: Was möchten Sie gerne tun? Wenn Sie «Markus» sind, dann fragen Sie sich, was Sie gerne tun würden, damit Sie sich nicht jeden Montag an die Arbeitsstelle quälen müssen. Das, was Sie gerne tun, machen Sie in aller Regel auch gut. Also, suchen Sie das, was Sie gerne tun.

Muss ich mir das wirklich antun?

Nun werden Sie sich ernsthaft fragen, ob Sie sich das antun müssen. Ja, Sie müssen. Das sage ich Ihnen ganz unverblümt.

Es gibt nur zwei Ausnahmen:

1. Sie stehen kurz davor, dass Sie sich noch über die Ziellinie retten können. Wenn Sie über 60 Jahre alt sind, dann sollten Sie es vermutlich schaffen.

2. Sie verkaufen Kernkraftwerke. Da wird es in absehbarer Zeit keinen 3D-Druck geben, der diese ersetzen wird. Ebenso dürfte der Verkaufsprozess noch lange rein manuell sein. Also, da haben Sie gute Chancen. Doch wie viele Jobs gibt es in diesem Umfeld?

Der digitale Tsunami wird auch Sie überrollen – früher oder später – keine Frage!

Klaus Schwab, Gründer des World Economic Forum, schreibt in seinem Buch «Die Vierte Industrielle Revolution» *(Schwab, Klaus, Die Vierte Industrielle Revolution, 2016, S. 27)*: *«Die Frage für ausnahmslos alle Branchen und Unternehmen lautet nicht länger, werde ich von der Disruption betroffen sein, sondern wann werde ich von einer disruptiven Innovation betroffen sein, welche Form wird sie annehmen, und wie wird sie sich auf mich und meine Organisation auswirken?»*

Wie Sie schon im vorhergehenden Kapitel lesen konnten, kommt es auf die Frage an, wie rasch und wie heftig die Veränderungen kommen werden.

Hier scheiden sich die Geister. Die einen sind überzeugt, dass die Stellen, die durch die Digitalisierung verloren gehen, durch neue Jobs ersetzt werden können. Andere sind sicher, dass es dieses Mal anders sein wird. Es laufen zu viele Entwicklungen gleichzeitig und das Internet wirkt in der globalisierten Welt wie ein Brandbeschleuniger.

Was beide Lager gemeinsam haben, ist die Überzeugung, dass viele Stellen verloren gehen werden. Ich bin bei Prognosen mit genauen Jahreszahlen, wie viele Jobs bis wann verloren gehen, sehr skeptisch. Niemand kann ja die Zukunft ganz genau vorhersagen. Aber der Trend und die Entwicklung ist absehbar. Ob es dann zwei Jahre früher oder später sein wird, ist dann nicht mehr ganz so erheblich, ausser es reicht für Sie für die Überquerung der Ziellinie bzw. zur Pensionierung.

Oft ist man aber weit pessimistischer, was die Zukunft anbelangt. Als die ersten Computer aufkamen, hatte ich damals eine

Diskussion mit meinem Vater. Er war sehr besorgt, dass die Computer einmal die Stellen wegrationalisieren und dadurch die Leute arbeitslos würden. Damals war es noch so, dass man auf den Zins seines Bankkontos am Jahresende bis ungefähr zum 10. Januar des Folgejahres warten musste, bis das Konto saldiert war. Die Bankangestellten rechneten sich in den Tagen fast «zu Tode», bis sie für alle Konti den Zins berechnet hatten. Heute rechnet kein Mensch mehr den Zins manuell, sondern die Computer machen das bei Bedarf innert Sekundenbruchteilen und sehr zuverlässig.

Die Mitarbeitenden der Banken wurden damals nicht arbeitslos. Man brauchte sie für die Beratung neuer Bankprodukte.

Welche Jobs sind am meisten gefährdet?

Klaus Schwab schreibt in seinem bereits oben erwähnten Buch, welche Jobs am meisten und welche am wenigsten gefährdet sind *(Schwab, Klaus, Die Vierte Industrielle Revolution, 2016, S. 56–66)*.

Er beruft sich dabei auf zwei Forscher der Oxford Martin School, die 702 verschiedene Berufe auf deren Wahrscheinlichkeit prüften, automatisiert zu werden.

Die Berufe mit dem höchsten Automatisierungsrisiko sind gemäss den Forschern folgende:

- Telefonverkäufer
- Steuerberater
- Versicherungssachverständiger für KFZ-Schäden (Schweiz: Schadenexperte für Motorfahrzeugversicherungen)
- Schiedsrichter und andere Sportoffizielle
- Anwaltsgehilfen
- Servicekräfte in Restaurant, Bar und Café
- Immobilienmakler
- Zeitarbeiter im Agrarsektor
- Sekretäre und Verwaltungsassistentinnen, ausser in den Bereichen Recht, Medizin und Führungsebene von Unternehmen
- Kuriere und Boten

Ich nenne die am gefährdetsten Jobs in meinen Vorträgen jeweils «FAQ-Jobs». Das sind einerseits repetitive Aufgaben oder andererseits Antworten auf Fragen, die sich immer wiederholen, also immer gleich sind.

5. Wann werden Sie weggeUBERt?

Die Jobs mit dem geringsten Automatisierungsrisiko sind vorwiegend kreative und soziale Berufe:

- Sozialarbeiter im Bereich psychische Gesundheit und Substanzmissbrauch
- Choreografen
- Mediziner
- Psychologen
- Personalmanager
- Computer-Systemanalytiker
- Anthropologen
- Archäologen
- Schiffbauingenieure
- Vertriebsleiter
- Leitende Angestellte

Man kann zusammenfassend sagen, dass vor allem kreative und soziale Aufgaben und höhere Führungsaufgaben nicht so schnell von einer künstlichen Intelligenz oder einem Roboter übernommen werden können.

Natürlich kann man hier auch anderer Ansicht sein. Es kann diese Liste auch dann gehörig durcheinanderbringen, wenn eine neue bahnbrechende Entwicklung auf den Markt kommt, die disruptiven Charakter hat. Diese kennen wir heute ja noch nicht. Wir beurteilen diese erst, nachdem wir davon Kenntnis haben. Darum verändert sich unsere Zukunft, wie wir sie uns vorstellen können, laufend.

Autoren sind auch gefährdet! Es gibt schon erste Versuche, die erfolgversprechend sind. Klaus Schwab nennt in seinem Buch, dass die New York Times kürzlich zwei ähnliche Texte veröffentlichte. Der eine war von einem Menschen, der andere von einer Maschine geschrieben. Die Leserinnen und Leser konnten nicht sagen, welcher vom Roboter und welcher vom menschlichen Autor war.

Newsartikel werden bereits heute im Finanz- und Börsenbereich sehr oft vollständig durch einen Bot geschrieben *(z. B. https://www.theverge.com/2015/1/29/7939067/ap-journalism-automation-robots-finan cial-reporting)*. Gerade bei Quartalsberichten wird das immer mehr zum Standard.

Ich bin überzeugt, dass wir schon bald Newsartikel von einer Maschine in einer Rohfassung schreiben lassen können, die dann von einem Menschen überarbeitet oder ergänzt wird. Wann aber ein Roboter oder ein Programm mit künstlicher Intelligenz in der Lage ist, ein Buch wie dieses zu schreiben, ist schwer vorauszusagen. Ob es überhaupt einmal möglich ist? Bei einem Fachbuch ist dies vermutlich noch eher möglich als bei einem Roman, der aus der kreativen Feder eines Romanautors entstanden ist.

In meinem Falle bin ich sehr zuversichtlich. Erstens ist meine Ziellinie nicht mehr so fern, und zweitens habe ich noch viele andere Jobs wie Keynote Speaker, Verwaltungsrat und Internet-Unternehmer. Da geht mir die Arbeit nicht so schnell aus. Können Sie das von sich auch behaupten? Falls nein, sollten Sie wirklich Ihren persönlichen Strategieprozess noch heute starten.

Es gibt aber heute auch viele Stellen, die es vor 10 bis 15 Jahren noch nicht gab. App-Entwickler zum Beispiel braucht es erst, seit es das iPhone gibt, also seit 2007. Vorher gab es wohl Applikationen und Programme, aber keine Apps auf Smartphones. Das war eine ganz neue Kategorie an Anwendungen.

Weitere Jobs, die erst in den letzten Jahren entstanden sind:

- Social-Media-Manager/-in

- App-Developer/-in

- Big-Data-Architekt/-in

- Data Scientist (Datenwissenschaftler/-in)

- UI/UX-Designer/-in
  (UI = User Interface, UX = User Experience)

- Cloud-Services-Spezialist/-in

- Online/Digital-Marketing-Spezialist/-in

- Alexa-Skill-Entwickler/-in

Update 3. Auflage 2019

Kennen Sie den oben zuletzt aufgeführten Job «Alexa-Skill-Entwickler»? Das ist eine Aufgabe, die es erst seit ca. 2016 gibt. Wenn Sie Alexa von Amazon etwas fragen, muss das ja programmiert sein. Amazon nennt das einen Skill, einen Alexa-Skill. Gerade dafür braucht es besondere Entwickler, eben die Alexa-Skill-Entwickler. Falls Ihre Kinder diesen Job ausüben wollen, dann lassen Sie das zu (falls Sie dazu noch gefragt werden). Aber auch dieser sehr neue Job ist selbst gefährdet, denn Amazon bietet mit Blueprints *(https://blueprints.amazon.de)* eine Entwicklungsplattform für User an. Damit können Sie selbst ohne Programmierkenntnisse eigene Skills «programmieren» und damit ihre Familie oder Gäste verblüffen. Als Beispiel könnten Sie die Frage «Alexa, wann hat meine Oma Geburtstag?» oder «Alexa, wie lautet die Kombination meines türkisfarbenen Fahrradschlosses?» und dergleichen als Skill erstellen.

Um die Zukunft Ihrer Kinder, die als Alexa-Skill-Entwickler arbeiten wollen, mache ich mir keine Sorgen, denn sie sind flexibel genug, um sich den Veränderungen laufend anzupassen. Und es gibt vermutlich immer weniger Lebensaufgaben im beruflichen Umfeld. Es wird immer unwahrscheinlicher, dass jemand 45 Jahre Firmenjubiläum im erlernten Beruf feiern darf, wie das früher noch häufig vorkam.

Die Chance, dass die Kinder, die heute geboren werden, einen Job haben werden, den es heute noch gar nicht gibt, ist sehr gross.

Nun werden Sie sich aber fragen, was wir mit all den Leuten machen werden, die es dann nicht mehr braucht. IBM hat im Dezember 2016 angekündigt, dass sie rund 25 000 neue Stellen schaffen werden. Ein Teil davon wird bestimmt in der Weiterentwicklung von Watson und der künstlichen Intelligenz, womöglich aber auch in neuen Geschäftsfeldern benötigt. Die USA, China und auch Europa investieren derzeit Milliarden in die Digitalisierung. Das schafft neue Stellen.

Doch werden die Leute, die ihren Job verlieren, nicht dort eingesetzt werden können, weil ihnen die Qualifikation dafür fehlt. Die vielen Lastwagenfahrer und Taxifahrer zum Beispiel, die es dann nicht mehr braucht, werden nicht morgen als Software-Ingenieur beginnen können. In allen Zeiten gab es solche Fälle, wo eine neue Technologie Jobs vernichtet hat.

Gerade bei diesen soziologischen Fragen halte ich mich ganz bewusst zurück, weil ich denke, dass hier die Politik gefragt ist. Wenn einmal die Roboter unsere Arbeit machen, dann werden wir uns früher oder später wieder mit dem bedingungslosen Grundeinkommen beschäftigen müssen.

Das bedingungslose Grundeinkommen wurde in der Schweiz bei einer Volksabstimmung 2016 noch wuchtig abgelehnt. Auch ich habe damals Nein gestimmt, weil ich der Überzeugung war, dass es noch zu früh ist. Ich bin aber sicher, dass wir hierüber noch mehrmals abstimmen werden, bis es befürwortet wird. Das wird dann der Fall sein, wenn das Negativszenario eintreffen wird, dass die vielen verlorenen Jobs nicht kompensiert werden können. Dann werde auch ich dafür stimmen. Falls aber das andere Szenario, dass die Jobs durch neue kompensiert werden können, eintrifft, dann brauchen wir das bedingungslose Grundeinkommen nicht.

Die Politik ist nie der Innovator für neue Entwicklungen, muss aber die Rahmenbedingungen für das Zusammenleben für die Menschen und neu für Mensch und Maschinen schaffen.

6. Der digitale Tsunami kommt – so oder so

> **In diesem Kapitel ...**
>
> ... geht es um Ihre digitale Unternehmensstrategie. Was braucht es alles, damit Ihre Unternehmung nicht weggeUBERt wird und es Ihre Unternehmung in fünf Jahren noch gibt, wenn der digitale Tsunami kommt?

Wie digital ist Ihre Unternehmung in 5 Jahren?

Sind Sie der Überzeugung, dass Ihre Unternehmung auch einmal weggeUBERt werden könnte? Es muss ja nicht immer ein disruptives Geschäftsmodell oder eine disruptive Technologie sein. Manchmal genügt es einfach, wenn Ihr Mitbewerber die digitalen Instrumente und Kanäle besser und cleverer einsetzt.

Wer nicht offen ist, kann nicht wirklich strategisch denken und handeln

Ein Beispiel hierzu gefällig? Vor Jahren durfte ich für einen grossen Schweizer Nähmaschinenhersteller vor seinen deutschen Fachhändlern im Tessin einen Vortrag halten. Der Titel: «Internet, Fluch oder Segen?». Im Vorfeld wurde bekannt, dass es einen deutschen Händler gab, der dank dem Einsatz von Google AdWords seinen Umsatz innert eines Jahres um sagenhafte 70 Prozent steigern konnte. Google AdWords war damals relativ neu und noch nicht so bekannt. Der besagte Händler hatte sein Ladengeschäft irgendwo im Bayerischen Wald, nahe der tschechischen Grenze, also ein Ort, wo sich Fuchs und Hase gute Nacht sagen. Vom Standort her hatte er keine gute Voraussetzung, um in einem rückläufigen Markt wie dem der Nähmaschinen Umsatzwachstum erzielen zu können.

Doch konnte er seine Reichweite und Sichtbarkeit dank dem Einsatz von Google AdWords massiv ausbauen. Die anderen Fachhändler waren natürlich über den Kollegen aus dem Bayerischen Wald verärgert. Er sass inkognito im Publikum und lauschte meinen Ausführungen. Die anderen wussten nicht, wer der Händler mit dem grossen Umsatzplus war. Er liess es auch nicht erkennen. Auch ich musste stillhalten. Wir wissen nicht, was passiert wäre, wenn es die anderen gewusst hätten.

Doch wer war jetzt der Dumme? Der, der ein Instrument ausprobiert hatte und erfolgreich damit war, oder die anderen, die nicht auf eine solche Idee gekommen waren und das Internet unisono ablehnten? Manchmal muss man nicht unbedingt eine ganze Strategie entwickeln, um erfolgreich zu sein. Manchmal genügt es auch, wenn man einfach mal etwas testet, ganz nach dem Trial-and-Error-Prinzip, also nach dem Prinzip von Versuch und Irrtum.

Ich hoffe, ich konnte bei Ihnen mit den ersten vier Kapiteln gedanklich etwas anstossen. Haben Sie sich schon Gedanken über die digitale Zukunft Ihres Unternehmens gemacht?

Falls ja, dann bin ich froh, wenn ich einen kleinen Beitrag zu Ihrer digitalen Zukunft leisten durfte und wünsche Ihnen viel Erfolg bei deren Umsetzung.

Falls nein, dann weiss ich nicht, ob es Sie bzw. Ihr Unternehmen in fünf bis zehn Jahren noch gibt. Vielleicht denken Sie ja jetzt, was der «freche Kerl» eigentlich will. Vielleicht können Sie sich ja noch rechtzeitig über die Ziellinie retten, wenn Sie schon 60 Jahre und älter sind. Dann werden Sie es vermutlich noch schaffen. Aber was ist mit denen, die in Ihrem Unternehmen erst 30, 40 oder 50 Jahre alt sind? Werden es diese auch noch über die Ziellinie schaffen? Wohl kaum. Ausser sie verkaufen Kernkraftwerke. Das ist meines Erachtens das einzige Produkt, das sich nicht digitalisieren lässt und auch nicht E-Commerce-fähig ist. Alles andere aber lässt sich digitalisieren oder ist E-Commerce-fähig. Und Kernkraftwerke sind natürlich ein hochpolitisches Thema. Da ist das Thema Digitalisierung höchstens viertrangig.

Ich bin hier bewusst provokativ, denn ohne Provokation bewegen sich die wenigsten Leute. Und ich weiss schliesslich, wovon ich spreche, denn ich lebe seit 1998 vollumfänglich vom Internet und bezeichne mich als Internet-Unternehmer, Online-Marketing-Pionier und seit Neustem auch als Zukunftsbotschafter.

Haben Sie eine Digitalstrategie?

Doch wieder zurück zu Ihnen. Haben Sie eine Digitalstrategie? Ich spreche hier nicht nur von einer Website oder vielleicht sogar von einigen aktiv betriebenen Social-Media-Kanälen. Das ist heute Pflicht. Oder haben Sie gar eine App, die einen hohen Kundennutzen generiert? Auf welchen Social-Media-Kanälen sind Sie persönlich regelmässig anzutreffen? Betreiben Sie einen Blog oder unternehmensseitig einen CEO-Blog?

Was Sie definitiv nicht brauchen, ist eine unkoordinierte Nutzung von Tools, Plattformen und Kanälen. Was Sie brauchen, ist eine umfassende Digital- und Internetstrategie, einen Masterplan für Ihren Weg der digitalen Transformation.

Bevor Sie damit beginnen, eine digitale Strategie zu entwickeln und umzusetzen, müssen Sie zuerst die Rahmenbedingungen dafür schaffen. Es gibt eine Rahmenbedingung, die an Wichtigkeit und Bedeutung alle anderen und insbesondere die Massnahmen übersteigt.

Das wichtigste für jede Digitalstrategie – digitale Menschen

Sie brauchen an den Schlüsselpositionen Mitarbeitende, die 100 Prozent digital denken, die eine bedingungslose Begeisterung für die digitalen Trends zeigen. Es braucht einen digitalen Leader in Ihrer Unternehmung. Dieser Digital Leader könnte oder müsste idealerweise der CEO sein. Er kennt die Prozesse, Produkte und Organisationsstrukturen des Unternehmens. Er hat aber auch den nötigen Einfluss und das Durchsetzungsvermögen, um Veränderungen im gesamten Unternehmen anzustossen.

Die Frage ist aber, ob der CEO diese Aufgabe überhaupt übernehmen kann. Hat er die digitale Denkweise, das kulturelle Umfeld und die nötige (digitale) Erfahrung? Falls er schon älter ist, wohl eher kaum. Dann müssen Sie als Aufsichts- oder Verwaltungsrat seine Position ernsthaft hinterfragen. Das ist natürlich der schwierigste Teil, wenn man den obersten Chef ersetzen muss.

6. Der digitale Tsunami kommt – so oder so

Wenn Sie selber der CEO sind, ist die Frage direkt an Sie gerichtet: Können Sie Ihr Unternehmen in eine neue digitale Zukunft führen? Gehen Sie mit der Zeit, oder Sie gehen mit der Zeit!

Unter Umständen muss der Kapitän sein Schiff früher verlassen, damit man nicht das ganze Schiff und seine Besatzung gefährdet.

Erinnern Sie sich an die «Costa Concordia», die Anfang 2012 vor der italienischen Insel Giglio unterging? Hätte der Kapitän Francesco Schettino sein Schiff noch früher verlassen und das Lenken seinen Offizieren überlassen, wäre es möglicherweise nicht zur Katastrophe gekommen. Vielleicht hinkt dieser Vergleich etwas. Aber hat Francesco Schettino bestimmt eine Eigenheit wie viele Unternehmenskapitäne. «So weit oben» getraut sich das Umfeld oft nicht, seinem Chef zu widersprechen. Vielleicht gab es ja auf der Costa Concordia auch Offiziere, die auf die Gefahr aufmerksam gemacht hatten. Falls ja, hat sie der Kapitän bestimmt in den Wind geschlagen.

Was passiert oft in Unternehmen, vom Zweimannbetrieb bis zum grossen Konzern? Der oberste Chef oder Inhaber lässt sich meist nur bedingt dreinreden, denn er weiss ja, was für die Unternehmung gut ist. Auf seinem Weg nach ganz oben hat er die Firma aufgebaut oder wurde als CEO für diese Aufgabe eingestellt. Da kann man natürlich leicht abheben und für Empfehlungen wenig empfänglich sein.

> Sind die altgedienten Führer genau die, die
> die Firma in die neue digitale Zukunft lenken können?

Falls Sie als CEO aber diese Lücke an Wissen und Erfahrung erkannt haben, dann können Sie entsprechend handeln. Suchen Sie einen Mitarbeiter, der diese Lücke ausgleichen kann.

Digital Leadership

Unternehmen, die die digitale Transformation strategisch angehen, brauchen einen Digital Leader. Dieser Digital Leader muss in der Geschäftsleitung Einsitz nehmen. Nur so kann er als Chief Digital Officer (CDO), der direkt an den CEO rapportiert, seine Wirkung entfalten. Nur dann hat er intern auch das nötige Gewicht, um Veränderungen intern anzustossen.

**Das Anforderungsprofil an den
CDO ist je nach Branche sehr unterschiedlich**
In Branchen mit einem starken Fokus auf Produkte, Vertrieb und Marketing sollte der Kandidat, die Kandidatin über Führungserfahrung im Umfeld Marketing und E-Commerce verfügen.

In Dienstleistungs- oder Softwareunternehmen sollte der Fokus stärker auf Erfahrung mit Prozessen und Informationstechnologie liegen.

Ich plädiere hier ganz klar für Kandidaten, die von aussen kommen, und gegen Leute aus den eigenen Reihen. Letztere kennen wohl die Prozesse und Strukturen intern. Doch das ist gleichzeitig auch ein grosser Nachteil und die Durchsetzungskraft ist bei einem Externen meist höher, weil er sich nicht um Seilschaften und Beziehungen kümmern muss. Er kann unverbraucht an die Sache herangehen.

Ein Interner wird oft vom Tagesgeschäft «aufgefressen» und absorbiert. Ein Externer kann mit frischem Elan eine übergeordnete Vision und Strategie für die digitale Transformation des Unternehmens definieren, sofern er nicht vom Verwaltungs-/Aufsichtsrat oder den Eigentümern gebremst wird.

Welche Kompetenzen braucht der Digital Leader?
Der CDO muss über die nötige Erfahrung aus anderen Firmen und Branchen verfügen. Online, Internet und Digital sollten seine Leidenschaft sein. Somit braucht er Erfahrungen in E-Commerce, Social Media, Online-Marketing und digitalen Technologien.

Zudem braucht er Kommunikationsstärke. Nur so kann er seine Vision und seine Begeisterung der digitalen Transformation auf andere Mitarbeitende übertragen und diese mit auf die Zeitreise nehmen. Missionare bzw. Botschafter müssen schliesslich gut reden und überzeugen können. Der CDO ist natürlich der erste Zukunftsbotschafter in einer Unternehmung.

Sein grösster Gegner ist die Gewohnheit der Mitarbeitenden. Diese werden tausend Gründe gegen Veränderungen aufführen. Die wenigsten Leute lieben Veränderungen. Darum braucht er viel Einfühlungsvermögen, um die Menschen hinter Prozessen zu verstehen. Die Herausforderung ist, die Vision und Strategie um- und durchsetzen zu können. Darum ist eine weitere wichtige Kompetenz die Durchsetzungsfähigkeit.

Schicken Sie Ihre Firma in die «Digitale Transformation»
Die digitale Transformation ist ja heute wieder so ein «Buzzword», eine Modebegriff, den viele verwenden, aber nicht richtig definieren können. Darum möchte ich das hier klarstellen.

Auf Wikipedia gibt es meines Erachtens eine hervorragende Definition dafür: *Die digitale Transformation bezeichnet einen fortlaufenden, in digitalen Technologien begründeten Veränderungsprozess, der die gesamte Gesellschaft und insbesondere Unternehmen betrifft. Basis der digitalen Transformation sind digitale Technologien, die in einer immer schneller werdenden Folge entwickelt werden und somit den Weg für wieder neue digitale Technologien ebnen (https://de.wikipedia.org/wiki/Digitale_Transformation).*

Elemente und Erfolgsfaktoren einer digitalen Strategie

Für den Erfolg bei der digitalen Transformation müssen wir diverse Ebenen und Schritte beachten:

- Vision und Mission
- Strategie
- Prozesse
- Struktur
- Kultur

- Digitale Mitarbeitende

- Digitale Geschäftsmodelle

- USP (Unique Selling Proposition) und UAP (Unique Advertising Proposition)

Die Vision
Wo wollen Sie mit Ihrer Unternehmung in fünf Jahren stehen? Beschreiben Sie das in der Vision. Ein Beispiel einer Vision könnte wie folgt lauten:

> **Beispiel einer Vision für die digitale Transformation**
>
> «Wir sind im Jahr xxxx in unserer Branche die Vorzeigeunternehmung in Bezug auf die Digitalisierung.»

Die Mission
Das Beispiel für die dazu passende Mission wäre wie folgt:

> **Beispiel einer Mission für die digitale Transformation**
>
> «Wir optimieren und digitalisieren konsequent unsere Geschäftsprozesse, um für unsere Kunden den grösstmöglichen Nutzen zu generieren und die Kosten weiter senken zu können. Zudem möchten wir gegenüber unseren Mitbewerbern eine klare Abgrenzung und in der Wahrnehmung unserer Kunden einen echten Vorteil schaffen.»

Bei der Mission geht es ja darum, was Sie genau missionieren wollen bzw. was Ihr Tun in diesem Prozess ist.

Die Strategie

Die Strategie für die digitale Transformation ist vom Handwerk her nichts Neues.

Eine Strategie legt fest, welche Wettbewerbsziele erreicht werden sollen. Im Weiteren definiert sie die Ressourcen und die Aktionsprogramme, die für die Zielerreichung notwendig sind.

Die Strategie ist ein Masterplan, der aufzeigt, in welche Richtung mit welchem Ziel wir die Unternehmung entwickeln möchten.

Prozesse

Interne Prozesse und Tools. Hinterfragen Sie gnadenlos Ihre interne Arbeitsweise und Ihre internen Arbeitsmittel. Oft wird in Firmen noch so gearbeitet wie zu jener Zeit, als die E-Mail erfunden wurde. Man mailt an alle mit megaschweren Anhängen und wundert sich, dass man keine Antwort bekommt. Man telefoniert noch mit dem Festnetzapparat, obwohl die Internet-Telefonie mit Skype oder Google Hangout viel mehr Funktionen bietet, als nur Sprache zu übermitteln. Man speichert Dokumente auf Servern in diversen Verzeichnissen ab und wundert sich, wenn man diese dann nach Monaten nicht mehr wiederfindet. Und wenn Kollege X krank geworden ist, hat niemand auf seine Daten auf dem Server oder auf Papier im Schrank Zugriff.

Dabei gibt es ja viele Cloudlösungen, die die internen Prozesse unterstützen. Aber aufgepasst. Ein neues Tool optimiert oft nicht die alten Abläufe, nur weil man ein neues Tool einsetzt.

«A fool with a tool is still a fool.»

6. Der digitale Tsunami kommt – so oder so

Es ist wichtig, dass Sie im Rahmen Ihrer digitalen Transformation neue moderne Lösungen einsetzen, aber gleichzeitig die Mitarbeitenden auf die neuen Abläufe entsprechend schulen.

Seit Jahren arbeite ich mit der Softwarelösung von Google. Früher hiess diese «Google Apps for Work», seit Neustem «G Suite by Google Cloud».

Es geht mir nicht darum, dass ich mich für die Google-Lösung starkmachen möchte, und ich habe derzeit auch keine Aktien von Google. Damit möchte ich Ihnen nur exemplarisch aufzeigen, was der Einsatz von modernen Cloudlösungen im Kopf eines Mitarbeitenden auslösen kann.

Mit der G Suite bekommen Sie derzeit Folgendes für 8 Euro pro User und Monat:

- E-Mail-Client und -Server für geschäftliche E-Mails mit Gmail

- Software für Video- und Telefonkonferenzen (Hangout)

- Intelligente Kalender, die gemeinsam genutzt werden können

- Dokumente, Tabellen und Präsentationen (Google Docs) in der Cloud, die von mehreren Personen gleichzeitig bearbeitet werden können, ohne diese synchronisieren zu müssen

- Soziales Netzwerk für die interne Kommunikation (G+)

- Umfragen und Formulare

- Sicherheitsfunktionen

- Unbegrenzter Speicherplatz bei Google Drive

- Archivierungslösung (Google Vault) für E-Mails, Chats und Dateien

Der Einsatz einer Cloudlösung wie die der G Suite wird die Arbeitsweise stark verändern und verbessern. Sie müssen E-Mails und Daten nicht mehr synchronisieren. Sie haben einfach von all Ihren Endbenutzergeräten Zugriff auf die Daten am gleichen Speicherort. Synchronisieren wird damit überflüssig. Sie können den Zugriff auf eine Datei mit einem Klick ermöglichen, ohne dass Sie diese zum Beispiel über eine Plattform wie Dropbox verfügbar machen müssen. Sie können das Recht auf Bearbeitung von Dateien einer Arbeitsgruppe zur Verfügung stellen. Auch hier entfällt eine Synchronisierung. Sie sehen in Echtzeit, wer gerade am betreffenden Dokument arbeitet.

Alle Ihre Daten sind immer bei Google Drive gespeichert. Bei mir sind die gleichen Daten immer auf drei Rechnern, meinem Desktop im Büro und meinen beiden Notebooks, gespeichert. Hier wird immer der Unterschied (Delta) der Daten gespeichert, sodass ich meine Daten immer auf vier Harddisks gespeichert habe. Drei Harddisks sind auf meinen gerade beschriebenen eigenen Geräten gespeichert und eine in den Rechenzentren von Google. Auch wenn gleichzeitig alle meine drei Computer gestohlen würden, hätte ich immer noch die Daten bei Google selber. Und dass Google auch gleichzeitig gestohlen wird, ist doch eher unwahrscheinlich. Zusätzlich bietet Google eine Archivlösung an. Alle meine Daten werden zusätzlich an einem fünften Ort, dem Archiv, abgelegt. Auf diesen Speicher hat nur der Systemadministrator Zugriff. Falls ein

Mitarbeiter kündigt und alle seine Mails aus Bosheit oder Verärgerung löschen würde, könnte der Systemadministrator alle E-Mails dieses Mitarbeiters wieder rekonstruieren. Selbst der Administrator kann das Archiv nicht löschen, nur Daten dort abrufen.

Die erste Auflage dieses Buch schreibe ich im Dezember 2016 und die dritte Auflage im Dezember 2018 auf Gran Canaria. Sobald ich den «Speichern»-Button drücke, wird unmittelbar der Datenbestand mit demjenigen auf Google Drive synchronisiert. So muss ich mir keine Gedanken über ein Back-up machen. Sobald ich zu Hause meinen Desktoprechner starte, werden auch dort alle veränderten Daten (Delta) synchronisiert. So habe ich auf allen Rechnern immer den gleichen Datenbestand. Einfacher geht es wirklich nicht mehr.

Das erzähle ich Ihnen, weil es mir geeignet erscheint, so den ersten Schritt in der digitalen Transformation zu machen. Dadurch erkennen die Mitarbeiter, dass es neben dem bisherigen E-Mail-Programm (meist Outlook), dem Festnetztelefon, der Datenspeicherung auf dem Fileserver mit Back-up oder dem Mailen von Dokumenten zur Bearbeitung mit ständigem Hin und Her noch eine neue, viel einfachere Welt gibt. Das öffnet den Horizont und ist eben ein wichtiger Schritt in die richtige Richtung.

Wenn Sie denken, Google sei böse («don't be evil» ist das Credo von Google), dann sollten Sie jedoch nicht gerade damit anfangen. Denn dann sind Sie vermutlich noch nicht bereit, die digitale Transformation zu starten.

Wussten Sie, dass die G Suite bereits von Millionen von Firmen eingesetzt wird? Es gibt aber auch andere Cloudlösungen, zum

Beispiel von Apple oder Microsoft. Wichtig ist, dass Sie in Ihrer Organisation mit einem solchen Schritt ein erstes Zeichen in der digitalen Transformation setzen.

Ich kann das nur bestätigen, denn in einer Firma, wo ich ein Verwaltungsratsmandat habe, wurde genau dieser Schritt gewählt und sehr erfolgreich umgesetzt.

Externe Prozesse und Tools
Nachdem Sie die internen Prozesse optimiert haben, können Sie an die kundenrelevanten Prozesse herangehen. Hinterfragen Sie diese. Lassen Sie keine Aussagen wie «Das haben wir schon immer so gemacht» gelten.

> *Konzipieren und implementieren Sie Ihre Prozesse von Grund auf neu!*

Aber aufgepasst. Es genügt nicht, wenn Sie einen Prozess einfach gleich abbilden wie bisher. Nur ein neues digitales Tool einzusetzen, genügt nicht. Sie müssen ebenso den Kundennutzen hinterfragen und neu abbilden. Am besten, Sie binden dabei Ihre Kunden mit ein und entwickeln neue Tools mit deren Unterstützung. Dann wird aus dem Kunden ein Prosumer, wie man das auf «Neudeutsch» so schön sagt.

Das Schwierige ist ja nicht die Digitalisierung an sich. Das Schwierige ist die Vereinfachung von Strukturen und Prozessen.

> *«Wenn Sie einen Scheissprozess digitalisieren, dann haben Sie einen scheiss digitalen Prozess»,*

6. Der digitale Tsunami kommt – so oder so

sagte Thorsten Dirks, CEO der Telefónica Deutschland AG, an einer Konferenz *(https://blog.telefonica.de/2016/10/ceo-thorsten-dirks-im-sz-in terview-ich-habe-heute-kein-festes-buero-mehr)*.

Oftmals definieren Unternehmen den Prozess so, wie er für sie am einfachsten ist. Mir kommt oftmals die Galle hoch, wenn ich als Kunde irgendwo anrufe und man mir sagt: «So geht das am einfachsten für uns.» Und wo stehe ich da als Kunde? Wenn Sie nicht den Kundennutzen ins Zentrum stellen und den Prozess für Ihre Kunden bauen, werden Sie vielleicht auch schon bald weggeUBERt sein. Blosse Lippenbekenntnisse wie zum Beispiel man stelle den Kunden in den Mittelpunkt, genügen heute nicht mehr.

> *Amazon zeigt allen vor, wie man Prozesse voll auf den Kunden ausrichtet.*

Kürzlich wieder ein Wow-Erlebnis, das Amazon bei mir generiert hat. Ich hatte etwas an die Grenze bestellt. Leider war das bestellte Amazon Echo nicht an der Lieferadresse bzw. wurde zu früh wieder zurückgesandt. Das war ein Missverständnis zwischen dem Logistiker und Amazon. Ich schrieb meinen Frust an Amazon. Die Antwort kam schon nach nur drei Stunden!

Abbildung 92: Antwort von Amazon auf eine Reklamation

Nach der überaus freundlichen Antwort fragt Amazon ab, ob man damit das Problem lösen konnte.

Weiter unten (gelb markiert) sehen Sie, wie Amazon mit Kundenreklamationen umgeht: *«Unser Ziel: das kundenfreundlichste Unternehmen der Welt zu sein. Ihr Feedback hilft uns dabei.»* Mein Ärger war natürlich gleich verflogen. Da erinnerte ich mich gerne an meine erste Lektion in Sachen Reklamationen. Ich lernte, dass in Reklamationen Chancen liegen. Genau so macht es Amazon.

Gerade amerikanische Firmen wie Apple, Google oder Amazon sind die Vorbilder beim Kundenservice und setzen die Standards – und nicht europäische Firmen. Gerade in Europa haben wir leider immer noch eine Dienstleistungswüste, wo nicht der bedingungslose Kundennutzen im Vordergrund steht.

Amazon gilt in Bezug auf die Kundenorientierung als Paradebeispiel und Benchmark, das den Einkaufsprozess für die Kunden laufend optimiert.

Im Kapitel *«E-Commerce, quo vadis?»* hatte ich Ihnen die heutigen Leistungen von Amazon vorgestellt. Es ist einfach unglaublich, wie Amazon den Einkaufsprozess revolutioniert hat. Amazon stellt die User Experience (UX) zu 100 Prozent in den Mittelpunkt. Die Kundenzufriedenheit und alles, was für den Kunden einfach ist, hat hier Vorrang. Der Umsatz folgt ja dann von den zufriedenen Kunden. Der weltweite Umsatz von Amazon lag gemäss statista.com im Geschäftsjahr 2017 bei rund 177,87 Milliarden US-Dollar *(https://de.statista.com/statistik/daten/studie/197099/umfrage/nettoumsatz-von-amazoncom-quartalszahlen)*. Das entspricht einem Umsatz von 5640 Dollar pro Sekunde oder 20,3 Millionen Dollar pro Stunde.

6. Der digitale Tsunami kommt – so oder so

Es führen aber nicht immer nur diese grossen Ideen wie die von Amazon zum Erfolg. Wichtig ist, dass Sie wirklich kundenorientiert denken.

> Mit kundenorientiert meine ich kompromisslos 100 Prozent auf den Kunden ausgerichtet.

Sie werden bestimmt jetzt nicken, nicht wahr? Aber tun Sie es auch so kompromisslos wie Amazon oder UBER, um nur zwei Vorbilder zu nennen?

Nur ein kleines Beispiel, wie Sie bei Ihren Kunden punkten können. Heute reise ich hier von Gran Canaria nach Hause zurück. Vor einer Woche wollte ich in Erfahrung bringen, wann der Bus mich hier im Hotel abholt. Die Sprechstunde des Reiseveranstalters fällt aber aus. Es gibt auch keine Informationen am Infobrett des Veranstalters. So schreibe ich eine E-Mail ans Servicecenter. Man antwortet mir sehr schnell, ich möge mich doch 48 Stunden vor Abflug nochmals melden, dann wüsste man die Zeit. Ich melde mich zwei Tage vor Abflug und erfahre die Abfahrtszeit. So weit, so gut. Wie hätte das UBER oder Amazon gemacht? Klar, per Mail, SMS oder App, so wie es der Kunde wünscht.

Ich schlage dem Servicecenter vor, einen solchen Service anzubieten. Die Antwort darauf haut mich schier aus meinen türkisen Socken. Es gäbe diesen Service bereits und man bedanke sich für meine Anregung. Wieso teilt mir das niemand mit? Meine Anfrage eine Woche vor Ablauf hätte auch so lauten können, dass man meine E-Mail-Adresse im System erfasst hätte und ich 48 Stunden vor Ablauf automatisch über die Transferzeit informiert würde. Wenn ein solcher Service schon besteht, warum nutzt man ihn nicht und lässt den Kunden in der Holschuld? Hier hätte der Reiseveranstalter gleich in die Bringschuld gehen können. Das ist jetzt wahrlich keine «rocket science», was ich gerade beschrieben habe. Es wäre ja so einfach. Man muss einfach nur tun. TUN!

Struktur
Für eine neue Kultur mit neuen Mitarbeitenden muss auch die Struktur angepasst und modernisiert werden. Schaffen Sie die Strukturen mit flachen Hierarchien und kurzen Entscheidungswegen. Die Schlüsselpersonen sollen direkt an den CEO rapportieren und im Verwaltungs-/Aufsichtsrat regelmässig über die Fortschritte der digitalen Transformation berichten.

Der CEO soll eine Politik der offenen Türe leben, sodass jeder Mitarbeiter direkt beim Chef – unabhängig von der Hierarchie – eine Idee oder einen Gedanken platzieren darf. Das bedingt aber eben auch die entsprechende Kultur dazu.

Sie müssen ja nicht gleich von einer möglicherweise überstrukturierten Unternehmung ins genaue Gegenteil der Holacracy (Holokratie) verfallen, dem System für Selbstorganisation.

Und mit diesen Gedanken zur Struktur möchte ich gleich zu einem sehr wichtigen Punkt, nämlich der richtigen Kultur, überleiten.

Alles eine Frage der Kultur

Was haben Jeff Bezos, Gründer von Amazon, und Steve Jobs, Gründer von Apple, wohl gemeinsam? Beide sind oder waren eher unangenehme Chefs. Warum? Beide hatten eine klare Vision in Bezug auf die Kundenerwartung. Bei Steve Jobs stand die Usability im Vordergrund. Bei Jeff Bezos ist es die Kundenorientierung. Beide haben mit ihrer unnachgiebigen Art die Firmenkultur geprägt. Sie erwarteten von ihren Mitarbeitenden mehr als nur den vollen Einsatz für die Firma.

Wolf Hirschmann beschreibt in seinem neusten Buch die Anforderungen an die Unternehmenskultur für die Zukunft *(Hirschmann, Wolf, Gebrauchsanweisung für die Zukunft, 2016)*. Nach Hirschmann braucht es die Kultur der Neugierde, die Fehlerkultur, die Kultur des Tuns, die Kultur der Kommunikation und die Kultur der Bereitschaft. Ich kann diese Ausführungen nur unterstreichen und möchte hier einige eigene Beispiele nennen.

Kultur der Neugierde
Gehen Sie ganz bewusst neue Wege. Mit meinem besten Freund, Edwin, gehe ich regelmässig ins Kino. Einmal wollte ich einen anderen, uns unbekannten Weg gehen. Edwin meinte, dass er den anderen Weg genau kenne. Nun versuchten wir aber meinen vorgeschlagenen Weg und kamen schliesslich in eine Sackgasse. Mein Freund meinte nur, ich hätte auf ihn hören sollen, dann wären wir schon im Kino. Ich entgegnete darauf, dass wir nur so herausgefunden haben, ob es nicht einen noch besseren Weg gibt.

Wenn Sie immer die gleichen Wege und Pfade gehen, dann werden Sie nie herausfinden, ob es einen noch besseren Weg gibt. Seien Sie darum von Grund auf neugierig und hinterfragen Sie alles in Ihrem Umfeld. Testen Sie neue Abläufe, neue Instrumente, neue Software usw. Wenn Sie dann zum Schluss kommen, dass das Neue nicht mehr als das Alte bringt, dann ist das ja auch eine gute Erkenntnis.

Fehlerkultur

Lassen Sie Fehler zu, aber nur dann, wenn es sich um etwas Neues handelt. Fehler bei eingespielten Prozessen sollten natürlich vermieden werden. Wenn Sie aber etwas Neues testen, dann dürfen Sie auch Fehler machen oder zulassen. Wenn Sie keine Fehler zulassen würden, würde sich niemand mehr getrauen, etwas Neues auszuprobieren.

Gerade im Online-Marketing muss man neue Möglichkeiten erst einmal testen. Dort kennt man die «Trial and Error»-Kultur bestens. Damit können oftmals gestandene Marketingleute weniger gut umgehen, weil sie immer alles genau im Voraus planen und wissen wollen.

Kultur des Tuns

Wenn wir etwas Neues testen und dabei Fehler machen, dann ist das ja per se schon sehr positiv. Nichts tun ist in der ganzen Digitalisierungsdiskussion definitiv die schlechteste Option. Wenn man nichts tut, wird man nicht herausfinden, ob es einen noch besseren Ablauf gibt. Man macht dann auch keine Fehler und gewinnt somit keine Erkenntnisse. Aus Fehlern lernt man.

Hauptsache, Sie tun etwas. Nur schon das Tun bringt Bewegung in Ihre Organisation. Als Verwaltungsrat unterstütze ich auch Projekte, bei denen wir nicht wissen, ob es sich rechnet. So könnte man immer abgestützt auf die Kosten-Nutzen-Rechnung ein geplantes Projekt bachab schicken. Man hätte dann die Gewissheit, dass man kein Geld vergeudet hat. Nur ist Nichtstun definitiv keine gute Strategie. Also: Tun Sie etwas!

Sie kennen bestimmt das folgende Zitat:

> *Wenn der Wind des Wandels weht,*
> *bauen die einen Mauern und die anderen Windmühlen.*

Zu welchen gehören Sie? Zu den Maurern, die Mauern bauen, oder zu den Architekten, die Windmühlen bauen?

Kultur der Kommunikation
Wenn Sie die Digitalisierungsstrategie umsetzen, dann sollten Sie entsprechend offen über die Schritte und Fortschritte kommunizieren. Mit einem auf Papier gedruckten Newsletter wirken Sie unglaubwürdig, wenn Sie über Ihre Digitalisierungsstrategie und -projekte die Belegschaft informieren.

Am besten richten Sie einen Digitalisierungsblog ein, den alle Mitarbeitenden abonnieren können. Oder Sie kommunizieren über das interne Social-Media-Netzwerk, falls Sie ein solches haben. Falls nicht, richten Sie ein solches ein. Denn auch das bringt Sie in Sachen Digitalisierung einen grossen Schritt weiter, nicht wegen der Technologie, sondern wegen der veränderten Denkweise, wie man auch kommunizieren kann; denn E-Mail ist nicht immer das geeignete Kommunikationsinstrument.

Ganz grundsätzlich möchte ich mit folgenden Fragen einige Gedanken anstossen. Machen Sie sich einmal Gedanken zu meinen Fragen über folgende Kommunikationsinstrumente:

- Unterhalten Sie als CEO einen Unternehmensblog?

- Haben Sie als Mitglied der Geschäftsleitung einen internen Blog für die Kommunikation in Ihrer Abteilung?

- Nutzen Sie Chat für die interne Kommunikation?
- Nutzen Sie WhatsApp, SMS oder Live-Chat für die Kommunikation mit Kunden?
- Setzen Sie Skype, Hangout oder eine ähnliche Anwendung in Ihrer Organisation ein?
- Haben Sie ein unternehmensweites Wiki im Einsatz?

Die Frage, ob Sie ein unternehmensweites Wiki intern einsetzen, kommt nicht zufällig. Sie kennen bestimmt Wikipedia. Aber ein internes Wiki setzen heute nur wenige Unternehmen ein.

Vor Jahren hörte ich ein Referat von Jürg Stuker, CEO der grössten Schweizer Webagentur namics. Derzeit arbeiten rund 500 Mitarbeitende an den Standorten Frankfurt, Hamburg, München, St. Gallen, Zürich und Belgrad. Er zeigte in seinem Referat auf, dass sie begonnen hätten, intern über ein Wikisystem zu kommunizieren und zusammenzuarbeiten; und grosses Erstaunen bei mir, dass sie intern die E-Mail fast abgeschafft bzw. die Anzahl der Mails massiv reduziert haben.

Für dieses Buchprojekt habe ich Jürg Stuker um einen Beitrag betreffend Stand ihres internen Wikisystems gebeten. Das Wiki, das sie einsetzen, ist übrigens Confluence, das mächtigste und verbreitetste Wikisystem.

Hier nun die Erkenntnisse von Jürg Stuker über die Abschaffung der E-Mail mit gleichzeitiger Einführung eines internen Wikisystems bei namics: «*Confluence stand und steht somit im Zentrum un-*

serer Wissensarbeit. Wichtig ist mir, dass wir Confluence nicht als ‹Tool› sehen, sondern mit der Software das umsetzen, was wir in unserer internen Zusammenarbeit pflegen wollen. Dazu gehört insbesondere der Umstand, dass jeder Mitarbeiter jedes Informationselement anlegen, sehen und anpassen kann. Dies wird sehr aktiv getan, so beispielsweise auch die Korrektur von Tippfehlern bei GL-News. Dank den leistungsfähigen Kommentarfunktionen erreichen wir damit zudem auch einen öffentlichen Dialog und über Tagging können wir Themen nicht-hierarchisch zusammenfassen. Mit dem Grassroot-Ansatz wollen wir bei der Wissensarbeit unsere offene Kultur leben. Sowohl bei der internen Informations- und Projektarbeit wie auch gegenüber Kunden ist Confluence die zentrale Plattform.»

An dieser Stelle danke ich Jürg Stuker für seinen Beitrag. Das ist übrigens der erste Beitrag in diesem Buch nach dem Social Open Book, das ich mit diesem Projekt verfolge. Das war auch ein Beitrag zur Kultur der Offenheit.

Kultur der Bereitschaft

Einer der wichtigsten Faktoren für das digitale Zeitalter ist die Veränderungsbereitschaft. Es braucht auf allen Stufen die Bereitschaft zur Änderung, nicht nur aufseiten des Vorstandes bzw. der Geschäftsleitung oder aufseiten des Verwaltungs- bzw. Aufsichtsrates. Es braucht sie vor allem bei den Mitarbeitenden.

Und genau darum braucht es mehr Digitale, die Zukunftsmissionare und -botschafter. Denn diese möchten in eine neue Richtung, ins digitale Zeitalter gehen. Sie brauchen unbedingt die Querdenker, die Paradiesvögel und die bunten Hunde. Die sind meist intern nicht die Beliebtesten, weil sie sich oft sehr kritisch zu internen Belangen äussern. Die pflegeleichten Mitarbeiter/-innen hingegen sind oft beliebt oder beliebter, weil sie eben keine solchen unbequemen Fragen stellen. Aber meist gehen von diesen Mitarbeitern keine Impulse aus.

Die Leute, die sich an etwas gewöhnt haben – «das haben wir schon immer so gemacht» – sind meist auch die grössten Verhinderer von neuen Ideen.

> *Gewohnheiten sind der grösste Ideenkiller*

Die wenigsten Mitarbeitenden wollen Veränderung. Sie kennen die Abläufe, sind sie gewohnt und möchten, solange alles einigermassen gut läuft, nichts daran ändern.

Als der Eiffelturm für die damals stattfindende Weltausstellung gebaut wurde, waren sich die meisten Bewohner von Paris einig, dass der hässliche Turm nach der Ausstellung wieder wegmuss. Heute ist der Eiffelturm das wohl weltweit bekannteste Wahrzeichen einer Stadt. Stellen Sie sich einmal Paris ohne Eiffelturm vor. Geht nicht.

An etwas Neues muss sich der Mensch erst gewöhnen. Meine Erfahrung aus vielen Projekten ist, dass – sobald man eine Anwendung oder einen Prozess ändert – sich die Leute zuerst darüber beschweren. Wenn man sie auffordert, alles, was stört oder fehlerhaft ist, zu notieren, und sie dann zwei bis drei Wochen später fragt, bekommt man oft die Antwort, dass man sich mittlerweile daran gewöhnt habe.

> *Sie brauchen «Digitale»*

Ohne Mitarbeitende können Sie keine Strategie umsetzen, und ohne Digitale schon gar keine Digitalisierungsstrategie. Also kurzum: Sie brauchen «Digitale».

Internet-Start-ups haben genug digital Denkende. Dafür brauchen sie die Unterstützung von Finanz-, Marketing- und Vertriebsexperten.

Als klassisches Unternehmen haben Sie vermutlich genügend Finanz-, Marketing- und Vertriebsexperten, dafür fehlen Ihnen die «Digitalen».

Holen Sie neue Leute, denn mit Ihrer heutigen Belegschaft werden Sie es nicht schaffen! Wetten? Sie brauchen neue Leute mit neuen Ideen, neuen Denkweisen von aussen für eine neue offene Kultur.

Es braucht mehr Zukunftsbotschafter

Vernichten Sie nicht die Einsatzbereitschaft und Intelligenz Ihrer besten Botschafter für die Digitalisierung. Sie brauchen Botschafter und Missionare in Ihrer Firma und zwar möglichst viele. Lassen Sie die Spinner spinnen. Sonst sagen die nichts mehr oder gehen. Vielleicht gehen Sie gleichzeitig mit den «Spinnern», aber bestimmt nicht in die gleiche Richtung.

Solche Veränderungen der Kultur und mit neuen Mitarbeitern schaffen auch Unsicherheiten. Es braucht aber diese Unsicherheit. Kreativität entsteht nicht in der Sicherheit, wo der Lohn jeden Monat pünktlich kommt. Kreativität entsteht nur in der Unsicherheit. Nur in der Unsicherheit kann man Energie für Neues generieren. Ohne Unsicherheit macht man Business as usual. «Too big to fail» macht zu sicher und damit zu wenig innovativ.

Sind Ihre Geschäftsmodelle für die Digitalisierung zukunftstauglich?

Bei einer Digitalisierungsstrategie müssen Sie zwingend auch die Geschäftsmodelle überdenken und anpassen. Möglicherweise genügen diese in einigen Jahren nicht mehr. Stellen Sie sich vor, ein Konkurrent bietet Ihre Leistung zu einem Bruchteil des Preises oder gar gratis an. Geht nicht, werden Sie bestimmt sagen. Und wenn der Mitbewerber einen schlankeren Prozess hat, ein neu konzipiertes Produkt oder eine neue Technologie einsetzen kann? Dann gucken Sie schnell mal in die Röhre.

Google hat die Werbewirtschaft auf den Kopf gestellt. Die Verlage konnten sich vermutlich nicht vorstellen, dass ein Konkurrent wie Google dank eines schlankeren Prozesses (die Kunden bewirtschaften die Anzeigen selbst), eines neu konzipierten Produkts (Google AdWords, seit 2018 Google Ads), einer neuen Technologie (Internet mit Big Data und künstlicher Intelligenz) und einem neuen Geschäftsmodell (Werbung auf Klickbasis abrechnen) sie plötzlich in Bedrängnis bringen könnte.

Meist macht man sich zum Geschäftsmodell erst dann Gedanken, wenn es schon zu spät ist. Business as usual oder die Gewohnheit sind ja die grössten Feinde der Innovation. Und welcher Manager möchte schon sein Geschäftsmodell ändern, wenn es ja gut läuft? Business as usual eben.

Stellen Sie sich immer folgende oder ähnliche Fragen:

- Was würde Google tun?

- Wie würde Amazon den Kundenprozess optimieren?

- Wie sähe die Usability bei Apple aus?

Das Business Model Canvas

Als Instrument hat sich in der Praxis das Business Model Canvas bewährt. Sie können das Geschäftsmodell auf nur einer einzigen Seite abbilden, wenn Sie die folgenden neun Bereiche beantworten können:

- Value Proposition (Werteversprechen)

- Customer Segments (Kundensegmente, Zielgruppen)

- Customer Relationship (Kundenbeziehungen)

- Channels (Vertriebskanäle)

- Key Activities (Hauptaktivitäten)

- Key Partners (Kooperationspartner)

- Key Resources (Hauptressourcen)

- Cost Structure (Kostenstruktur)

- Revenue Streams (Einnahmequellen)

Das Business Model Canvas dient für die Erhebung des Ist-Zustandes. Für die neuen Geschäftsmodelle müssen Sie selber querdenken oder sich Hilfe von aussen holen, um die neuen Geschäftsmodelle entwickeln zu können.

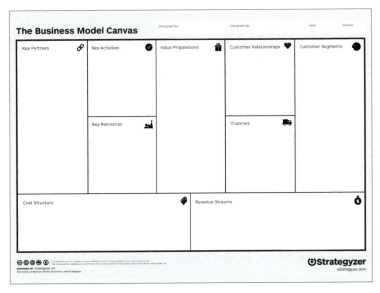

Abbildung 93: Business Model Canvas
(Quelle: https://strategyzer.com)

Update 3. Auflage 2019

Beispiel eines neuen Geschäftsmodelles dank neuen Ökosystemen, M2M, Blockchain und Kryptowährungen

Wie neue Geschäftsmodelle in Zukunft aussehen könnten, möchte ich Ihnen anhand einer Blockchainanwendung aufzeigen.

6. Der digitale Tsunami kommt – so oder so

Stellen Sie sich vor, Ihr nächstes Auto in ein paar Jahren hätte ein eingebautes Wallet. Ein Wallet ist der Zugang zu einer Blockchainanwendung über eine Kryptowährung. Dank M2M-Prozessen (Machine to Machine) erledigt Ihr Auto viele Aufgaben ohne Ihr Dazutun. Das Auto bezahlt selbständig die Parkgebühren mit der im Wallet verfügbaren Kryptowährung. Dank Sensoren wird festgestellt, wie lange Sie auf dem Parkplatz standen. Ein anderer Anwendungsfall könnte Dynamic Road Pricing sein, also die Abrechnung von Strassennutzungsgebühren. Wenn Sie zu bestimmten Zeiten in eine Stadt fahren, wird Ihnen die Gebühr oder Maut gleich über Ihr Wallet verrechnet. Wenn Sie noch einen alten Diesel fahren, kann der Betrag höher ausfallen oder gar eine Busse auslösen, wenn Sie in eine für Sie verbotene Zone hineinfahren. Sie parken auf dem Firmenparkplatz. Da Sie ein Paket erwarten, gewähren Sie dem Paketdienstleister Zugriff auf Ihren Kofferraum, sodass dieser berechtigt ist, diesen zu öffnen und das Paket, während Sie arbeiten, hineinzulegen. Oder Sie haben ein Auto gemietet. Dank Ihrem Wallet im Smartphone identifizieren Sie sich als Berechtigter für die vereinbarte Mietdauer. Abgerechnet wird aufgrund der erbrachten Leistung.

Denken Sie, dass ein solches Szenario noch weit weg ist? Weit gefehlt. Es ist viel näher, als Sie denken. In Berlin gibt es ein Start-up, das IOTA heisst *(www.iota.org)*. IOTA ist eine Blockchainanwendung mit der gleichnamigen Kryptowährung IOTA. Der Name ist an Jota, den 9. Buchstaben des griechischen Alphabets, angelehnt. Aus IOTA kann man auch IOT ableiten. IOT steht für Internet of Things (Internet der Dinge). Branchengrössen wie Audi, Porsche, Volkswagen und Bosch unterhalten eine strategische Allianz. Es wurden schon einige Forschungsprojekte durchgeführt.

In diesem Bereich wird ein neues Ökosystem entstehen. Stellen Sie sich vor, die ganze Autoindustrie nutzt IOTA für die oben beschriebenen M2M-Prozesse. Was würde das für uns und die Geschäftsmodelle bedeuten? Und IOTA hat den Nachteil von Bitcoin nicht, weil die IOTA-Blockchain auf einer anderen technischen Architektur basiert. Das ist auch nötig, denn bei solchen M2M-Prozessen müssten einmal Millionen von Transaktionen pro Sekunde abgewickelt werden können. Die Blockchain muss also skalierbar sein.

Um die vielen Transaktionen sehr schnell abwickeln zu können, braucht es eine Kryptowährung. Und für das Ökosystem Mobilität könnte es eben IOTA sein und nicht Bitcoin. Ich hoffe, Sie bekommen dadurch eine neue Sichtweise auf Kryptowährungen und Blockchainanwendungen, die viel mehr als nur Bitcoin sind. Es werden in einem solchen Ökomodell Werte ausgetauscht. Und dafür braucht es eine eigene Kryptowährung, die Werte austauscht. Darum spricht man auch von einem «Internet of Values», als dem Internet der Werte.

Abbildung 94: Ökosystem Smart Mobility mit Blockchain IOTA
(Bildquelle: shutterstock_560039179)

Um Ihnen ein weiteres neues Geschäftsmodell zu verdeutlichen, bleibe ich bei diesem Ökosystem Mobilität. Man spricht übrigens auch von Smart Mobility. In China gibt es eine Teststrecke auf einer Autobahn. Dort wurden lichtdurchlässige Kieselsteine über Sonnenkollektoren verlegt. Auf dieser Teststrecke wird nun Solarstrom produziert. Der Strom reicht für mehrere hundert Haushalte. Einerseits finde ich das toll, denn dadurch könnten wir unser Energieproblem in Zukunft lösen. Stellen Sie sich nur vor, alle Autobahnen dieser Welt sind einmal so ausgebaut. Hätten wir dann genug Elektrizität? Vermutlich ja.

Doch die Bauer dieser Teststrecke haben eine andere Vision. Es gibt ja immer mehr Elektroautos. Diese müssen nach einiger Zeit immer wieder an eine Steckdose, weil die Reichweite begrenzt und das Ladenetzwerk noch nicht so gut ausgebaut ist. Deren Vision ist es, dass Sie auf der Fahrt auf einer solchen Autobahn gleichzeitig die Batterien Ihres Autos aufladen können. Wie wollten Sie das mit herkömmlicher Technologie abrechnen? Dank einem solchen wie oben beschriebenen Ökosystem würde Ihr Wallet den bezogenen Strom mit dem Betreiber der Autobahn direkt abrechnen. Dazu braucht es keinen Intermediär mehr. Jeder bekommt seinen Anteil, der auf der Blockchain unveränderbar gespeichert wird.

Im folgenden Video können Sie die Teststrecke in China gleich selbst betrachten.

Abbildung 95: Strom aus der Autobahn. E-Autos laden sich während der Fahrt auf. (Bildquelle: https://www.youtube.com/watch?v=v3Rh3yKF4m4)

Die drei folgenden Fälle zeigen beispielhaft die neuen Möglichkeiten dank der Blockchain auf:

- In der Logistik überwacht eine Blockchain dank vielen Sensoren den ganzen Logistikprozess. Gerade bei Kühlgütern kann man so feststellen, ob die Kühlkette lückenlos eingehalten wurde. Diese Prozesse werden in einer Blockchain gespeichert.

- Bildungsinstitute speichern Ihre Kurszertifikate auf einer Blockchain. Dadurch können Zertifikate nicht mehr gefälscht wer-

6. Der digitale Tsunami kommt – so oder so

den, weil deren Echtheit auf der Blockchain unveränderbar für alle Zeiten festgehalten wurden. Schlechte Zeiten also für Plagiate.

- Das dritte Beispiel finde ich eines der besten überhaupt. Es gibt eine Blockchainanwendung, die die Echtheit von Medikamenten feststellen kann. Stellen Sie sich vor, Sie sind im Ausland und benötigen ein Medikament. Sind Sie sicher, dass es sich um ein Originalpräparat oder um eine Fälschung handelt? Hier in Europa ist das Vertrauen in die Apotheke bestimmt grösser als in einem Entwicklungsland. Sie scannen in der Apotheke nun mit dem Smartphone den QR-Code des Medikamentes und bekommen die Bestätigung, dass das Medikament echt ist. Der Hersteller hat das so auf der Blockchain gespeichert und den QR-Code erstellt. Nun kommt eine weitere wichtige Komponente der Blockchain. Die Blockchain hat das sogenannte Double-Spending-Problem gelöst. Vor Bitcoin war es technisch nicht möglich, elektronisches Geld herauszugeben, das nicht einfach kopiert werden konnte. Seit Bitcoin und Blockchain ist das gelöst. So profitiert auch dieser Medikamentencheck davon, denn sonst könnte ja jemand einfach den QR-Code kopieren. So hat jedes Medikament einen eigenen QR-Code, über den man die Echtheit feststellen kann. Die Finanzierung dieses Netzwerkes, das uns mehr Sicherheit geben wird, wird über eine eigene Kryptowährung finanziert. Sie bezahlen für diesen Prozess vielleicht einen oder zwei Eurocent. Das ist es Ihnen bestimmt wert. Somit haben wir wieder ein Beispiel mehr für das Internet of Values.

Ich hoffe, Sie verstehen nun den Nutzen der Blockchain und der sich bildenden Ökosysteme besser. Nochmals: Blockchain ist viel mehr als nur Bitcoin. Bitcoin war die erste Anwendung, die die Blockchaintechnologie nutzte, vielleicht um die Theorie in der Praxis zu bestätigen.

Sobald Firmengrenzen überwunden werden, machen Blockchainanwendungen Sinn, weil dann das Vertrauen dank der verschlüsselten und dezentralen Speicherung bei allen beteiligten Akteuren in solche Anwendungen massiv verbessert wird.

Die Blockchain ermöglicht uns also Geschäftsmodelle, die wir uns heute noch gar nicht vorstellen können. Und es werden noch viele neue kommen. Es lohnt sich also, sich damit intensiv zu beschäftigen. Wenn aber Blockchain immer noch ein Reizwort ist für Sie, dann gehören Sie vielleicht schon bald zu den Verlierern.

Ich selbst besitze über 30 Kryptowährungen. Vorwiegend habe ich in Nutzungs-Token investiert. Es gibt hier so viele gute und einleuchtende Konzepte mit einem hohen Mehrwert und Nutzen. Doch würde es den Rahmen dieses Kapitels sprengen, mehr darüber zu schreiben. Vielleicht ein anderes Mal in einem neuen Buch? Mein Mut zur Investition in Kryptowährungen soll meine Zeilen im Kapitel über die Zukunftsforscher und Missionare unterstreichen. Nur wer selber an seine Prognosen glaubt, wird selber investieren. Sonst werden die Voraussagen zur Makulatur.

Be different

Ganz wichtig ist, dass man sich einen echten USP (Unique Selling Proposition) erarbeitet. Der USP, oder das Alleinstellungsmerkmal auf Deutsch, ist wichtig, damit wir uns von den Mitbewerbern abheben können.

6. Der digitale Tsunami kommt – so oder so

In der digitalen Welt spricht man oft von **U**ser E**x**perience oder UX abgekürzt. Zur UX können folgende Punkte gehören:

- Ist Ihre Usability so einmalig, dass Ihre Kunden das immer wieder mit Freude feststellen?

- Sind Ihre Prozesse und Dienstleistungen so unverwechselbar und einzigartig, dass die Kunden deswegen nie mehr zu einem Mitbewerber wechseln wollen?

- Stellen Sie dem Kunden eine aufsehenerregende App mit vielen Vorteilen und Leistungen zur Verfügung?

- Wie gehen Sie mit Anfragen um und innert welcher Frist beantworten Sie diese?

- Wie gehen Sie mit Reklamationen um?

Diese und noch viel mehr Punkte tragen zu einem positiven Nutzererlebnis bei. Das merkt sich der Kunde und entscheidet, ob er bei Ihnen als Kunde bleibt, oder ob er einmal einen Mitbewerber testen möchte. Denn der ist ja wirklich nur wenige Klicks weit entfernt. Die Kundenloyalität in der digitalen Welt heisst eben neu UX.

Um sich abzuheben, kann man natürlich dies auch durch einzigartige Werbung tun. Auch das steht für «be different». Wenn Sie ein Blatt an einem Eichenbaum sind und auffallen möchten, dann müssen Sie entweder den Baum wechseln und keine Eiche wählen oder Ihre Farbe wechseln. Das nennt man dann UAP oder Unique Advertising Proposition (auf Deutsch kommunikative Profilierung).

Meine persönliche Profilierung ist die Farbe Türkis. Sie werden mich nur in türkisen Farben antreffen. Das ist mittlerweile zu meinem Markenzeichen geworden, und die, die mich kennen, posten oftmals türkise Gegenstände auf meiner Facebookseite. Tragen Sie aber bitte keine türkisen Socken, denn genau das ist meine UAP. Und die gebe ich nicht mehr her.

Holen Sie externe Unterstützung
Und zum Abschluss dieses Kapitels noch folgende Anmerkung: Ohne externe Hilfe schaffen Sie es nicht, wetten?

Wir wissen ja, dass der Prophet im eigenen Land nichts zählt. «Ach, der Müller wieder, der mit seinen abgefahrenen Ideen. Die soll er doch für sich behalten.» Der Müller ist bestimmt so ein Querdenker, ein Paradiesvogel oder ein bunter Hund. Was denken Sie?

Wird der Müller lange in dieser Firma bleiben? Bestimmt nicht. Er und weitere «Offene» werden sich die Firma suchen, welche genau die Kultur pflegt, die sie als «Digitale» suchen. Und wer bleibt? Genau, die, die gesagt haben, er solle doch die Ideen für sich behalten.

Und der ROI?
Ganz am Schluss kommt nun auch der Finanzchef noch zu Wort. Der möchte nämlich ganz genau wissen, was die Strategie und Projekte an finanziellem Nutzen bringen. Er wird nämlich die Frage stellen, wie hoch der Return on Investment (ROI) sei. Das muss er natürlich in seiner Rolle tun.

6. Der digitale Tsunami kommt – so oder so

Nur, lieber Finanzchef, ist das leider in der digitalen Welt nicht ganz so einfach. Die Einsparung einer Prozessoptimierung kann man relativ leicht rechnen. Ein neues Geschäftsmodell hingegen nicht, oder nicht genau.

Nur zwei Beispiele dazu:

Sie planen und implementieren einen E-Shop. Da Sie ja nicht die erste Unternehmung sind, die einen solchen auf den Markt bringt und niemand auf Sie gewartet hat, wird die Berechnung sehr schwierig. Sie können wohl alles in einer Exceltabelle verarbeiten: geplante Umsätze und voraussichtliche Kosten. Wetten, dass Sie meilenweit danebenliegen werden? Sie denken, dass sich die Umsätze relativ rasch einstellen werden, und dass die Kosten überschaubar sind. Gerade bei den Umsätzen rechnen die meisten viel zu rasch mit zu hohen Umsätzen. Und bei den Kosten rechnen sie nicht damit, dass sie bei Google zuerst die obersten Positionen erkämpfen oder erarbeiten müssen. Es gibt ja noch andere Mitbewerber, die viel früher am Markt waren als Sie und ihre gute Position Ihnen nicht kampflos überlassen möchten. Das macht eine Berechnung des ROI trotz genial aufgebauter Exceltabelle äusserst schwierig.

Zweites Beispiel in einem Medienunternehmen. Einer der Verwaltungsräte möchte als Betriebswirtschafter für ein Projekt den ROI berechnet haben. Nebenbei: Ich bin auch Betriebswirtschafter und haben einen Masterabschluss. Doch nützt mir das in der Digitalisierung überhaupt nichts. Das Wissen und die Erfahrung von gestern sind heute, im digitalen Zeitalter, nichts oder wenig wert.

Das gleich folgende Beispiel verdeutlicht das. Das St. Galler Tagblatt, eine Tageszeitung aus der Ostschweiz, hat vor einigen Jahren die Stellenplattform ostjob.ch gekauft. Damit macht der Verlag heute nun sehr gute Umsätze und das mit nur zwei Mitarbeitenden. Das ist nur darum möglich, weil der Kunde nach dem Selfservice-Prinzip eigentlich die ganze Arbeit selber macht. Erinnern Sie sich an meine Aussagen zum Geschäftsmodell etwas weiter oben?

Das St. Galler Tagblatt gehört zur NZZ-Gruppe (Neue Zürcher Zeitung). Aufgrund dieser Erfahrung wollte man für die ebenfalls zur NZZ-Gruppe gehörende Tageszeitung «Luzerner Zeitung» eine äquivalente Plattform zentraljob.ch lancieren. Man kannte ja schliesslich die Zahlen aus St. Gallen und hatte einen Businessplan erstellt. Nur hat das genau gleiche Modell in Luzern nicht gleichermassen funktioniert.

ostjob.ch hat zehnmal mehr Traffic als zentraljob.ch bei ungefähr gleich grossem Markt. Wieso hat zentraljob.ch nicht den gleichen Erfolg wie ostjob.ch? Hier kann ich nur Mutmassungen anstellen. Ganz sicher aber war der Zeitpunkt zu spät. ostjob.ch war schon einige Jahre auf dem Markt und hatte einen hohen Bekanntheitsgrad in der Ostschweiz, bevor es vom Tagblatt übernommen wurde. Als zentraljob.ch online ging, gab es sehr viel mehr Konkurrenz auf dem Online-Stellenmarkt. Das gleiche Geschäftsmodell funktioniert an einem Ort zu einer bestimmten Zeit, die Kopie davon an einem anderen Ort zu einem anderen Zeitpunkt nicht oder weniger gut.

Darum, liebe Finanzchefs, lassen Sie auch hier Fehler (Fehlerkultur) in den Berechnungen zu. Denn Businesspläne sind per se ungenau und in der digitalen Welt meist noch viel ungenauer.

Aber eben, nichts tun ist die definitiv schlechteste Option in der digitalen Strategie.

Zusammenfassung für den eiligen Leser

Es gilt, bei der Erstellung einer Digitalisierungsstrategie und der Umsetzung der digitalen Transformation folgende Punkte zu beachten:

- Starten Sie den Prozess der digitalen Transformation mit den richtigen Mitarbeitenden.

- Holen Sie mehr Digitale ins Projekt, sogenannte Zukunftsmissionare und -botschafter.

- Bestimmen Sie einen Digital Leader, der direkt an den CEO und an den Aufsichts-/Verwaltungsrat rapportiert.

Erstellen Sie mit dem Kernteam der Digitalen eine Strategie mit folgenden Punkten:

- Definieren Sie eine neue Vision fürs digitale Zeitalter.

- Bestimmen Sie in der Mission Ihre Kernaufgabe.

- Zeigen Sie die übergeordneten Ziele der digitalen Transformation auf.

- Definieren Sie in einer Prozesslandkarte und einem Masterplan, welche Prozesse Sie in welcher Reihenfolge neu designen und digitalisieren möchten.

- Richten Sie Ihre Prozesse einhundertprozentig auf Ihre Kunden aus, damit Sie die damit bestmögliche User Experience (UX) erzielen können.

- Transformieren Sie Ihre Kultur kompromisslos, damit Sie im digitalen Zeitalter als Organisation bestehen können.

- Passen Sie Ihre Struktur dem neuen Führungsverständnis der digitalen Mitarbeiter an.

- Hinterfragen Sie Ihre Geschäftsmodelle, ob diese auch im digitalen Umfeld Bestand haben können, und passen diese an.

- Definieren Sie, wie Sie sich von Ihren Mitbewerbern noch stärker abheben und unterscheiden können (USP und UAP).

- Holen Sie die Aussensicht in Ihr Team. Nur ein Externer oder Berater hat die unverbrauchte Aussensicht, mit der man alles noch kritischer hinterfragen kann.

Ich wünsche Ihnen dabei Durchhaltewillen und viel Erfolg.

Jörg Eugster

Hiermit endet der Fachbuchteil. Doch die Zeitreise geht weiter. Während ich Sie im ersten Kapitel «Wir schreiben das Jahr 2030» auf den ersten Teil der Zeitreise mitgenommen habe, geht die Reise auf dem Zeitstrahl mit dem letzten Kapitel «Wir schreiben das Jahr 2050» weiter.

7. Wir schreiben das Jahr 2050 – Das ist wirklich Science-Fiction

In diesem Kapitel ...

... geht es um einen gewagten Zukunftsblick ins Jahr 2050. Falls Sie direkt in diesem Kapitel zu lesen beginnen, möchte ich Sie davor «warnen».

Ohne den Zusammenhang aus den ersten Kapiteln ist dieses Kapitel «stand-alone» etwas schwer verständlich. Darum lesen Sie doch bitte zuerst das ganze Buch.

Bitte lesen Sie dieses Kapitel nur, wenn Sie früher von Science-Fiction wie Perry Rhodan, Star Trek, Star Wars und vor allem der Matrix fasziniert waren (und heute noch sind). Nur dann sollten Sie weiterlesen. Falls Sie sich bisher nichts aus Science-Fiction-Literatur oder -Filmen gemacht haben, dann sollten Sie hier besser abbrechen.

Lesen Sie dann nochmals Kapitel 4, 5 und 6 und fragen Sie sich, was Sie für sich und Ihre Firma tun können, damit Sie nicht weggeUBERt werden, bevor der digitale Tsunami über Sie hinwegfegt.

Global Brain und Transhumanismus

Zum besseren Verständnis meiner Vision fürs Jahr 2050 möchte ich zur kurzen Einleitung nochmals auf die Disruption-Map des Gottlieb Duttweiler Institute eingehen. Da gab es zwei Punkte in der linken unteren Ecke, die nach dem Bewusstsein «Far out» und technologisch im Prototypenstadium sind.

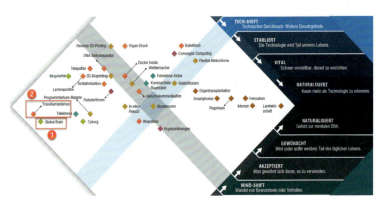

Abbildung 96: Ausschnitt aus der Übersicht Disruption nach Technologie und Mindset (Quelle: Gottlieb Duttweiler Institute, www.gdi.ch, Concept: Cisco, GDI Gottlieb Duttweiler Institute. Stages of technological development based upon Pyramid of Technology model by Van Mensvoort, 2014)

Der eine Punkt heisst «Global Brain» (1)

Global Brain: Brains-to-brain communication. The brain-net augments the Internet. e.g.: nbcnews.com.

Es geht hier um die Kommunikation von Gehirn zu Gehirn. Das Netzwerk der Gehirne erweitert das Internet.

7. Wir schreiben das Jahr 2050 – Das ist wirklich Science-Fiction

Global Brain ist eine Metapher für das weltumspannende ICT-Netzwerk, das alle Menschen und Artefakte miteinander verbindet *(https://en.wikipedia.org/wiki/Global_brain)*.

Der zweite Punkt ist der «Transhumanismus» (2)
Transhumanism: Extension of human capabilities and lifespan up to the end of death.

Hier geht es um die Erweiterung der menschlichen Fähigkeiten und der Lebensdauer bis zum Lebensende. Dazu nutzen wir technische Möglichkeiten wie Prothesen oder andere technische Erweiterungen, die uns zu einem cyborgähnlichen Wesen machen *(https://de.wikipedia.org/wiki/Transhumanismus)*.

2050

Seit unserer Geschichte «*Wir schreiben das Jahr 2030*» in Kapitel 1 sind 20 Jahre vergangen. Luca ist nun selber Vater einer Tochter, Lena, geworden. Sein Grossvater ist inzwischen gestorben, aber nicht wirklich. Man konnte seine Erfahrung, sein Wissen, seine Emotionen und seinen Charakter erhalten und digital konservieren. Die Technologie hat sich laufend weiterentwickelt. Die Matrix, die im Jahr 2030 nur gerade über Datenbrillen und speziell eingerichtete hochvernetzte Räume verfügbar war, ist im Jahr 2050 allgegenwärtig. Alles ist mit der Matrix verbunden. Jeder Mensch, jedes Gerät, jeder Sensor, alle Gebäude, Strassen, Beleuchtungen, einfach alles. Begonnen hatte diese Entwicklung mit dem Internet der Dinge bereits im Jahre 2010. Vierzig Jahre später ist die grosse Vision vieler Vordenker Realität geworden.

Da alles, wirklich alles, miteinander vernetzt ist, werden den Menschen die sinnlosen repetitiven Arbeiten abgenommen. Roboter, Flugroboter, selbstfahrende Elektroautos sind Normalität und gehören zum Leben wie Luft und Wasser. Die Menschen müssen nicht mehr arbeiten. Jeder bekommt ein Grundgehalt, das man durch soziale Aufgaben etwas aufbessern kann. Der, der mehr zum gemeinschaftlichen Wohl beiträgt, bekommt mehr Credits, die er für andere Dinge ausgeben kann.

Es hat sich aber dennoch eine Zweiklassengesellschaft entwickelt. Es gibt diejenigen, die nicht arbeiten müssen. Sie können mit dem Grundgehalt einigermassen gut leben. Da die Roboter die Arbeit machen und somit die Wertschöpfung generieren, besteht Wohlstand für alle. Und wenn sie soziale Aufgaben darüber hinaus übernehmen, dann wird das auch entschädigt. So funktioniert das soziale Leben besser als früher, weil man nicht wie früher zum Beispiel im Hartz-4-Modell einfach nur Geld bekommen hat, sondern auch einen Anreiz hat, Gutes zu tun. Und dank diesem Anreizsystem werden alle sozialen Aufgaben wie Altenpflege gerne gemacht. Der Empfänger der sozialen Leistung gibt die Credits für den Geber mit einer Bewertung frei. So ist auch jeder Geber motiviert, seine Leistung möglichst gut zu machen. Das alles wird selbstverständlich in einer Blockchain festgehalten.

Auf der anderen Seite gibt es die Leute, die arbeiten dürfen. Das sind die Kreativen und Hochqualifizierten. Dazu gehören zum Beispiel Systementwickler und Fachärzte. Diese braucht es für die Weiterentwicklung oder die Aufgaben, die man auch im Jahr 2050 nicht den Robotern überlassen möchte.

Die Matrix, das Kollektivwesen

Wenn die Menschen im Jahr 2050 sterben, können sie sich in der Matrix digital speichern lassen. Stellen Sie sich vor, man hätte schon früher das Wissen oder die Erfahrung eines Albert Einsteins, eines Sir Isaac Newtons oder aller anderen Forscher, Entwickler, Gründer oder Nobelpreisträger erhalten können. Das kollektive Wissen von Google, Facebook, Wikipedia & Co. ist ebenfalls in der Matrix aufgegangen. Das heisst, dass im Jahr 2050 ein nie dagewesenes Archiv an Wissen und Erfahrung der Menschheit entstanden ist.

Dieses schier unerschöpflich erscheinende Wissen steht allen Menschen in der Matrix zur Verfügung. Man hat so auch die Gelegenheit, mit verstorbenen Verwandten zu sprechen. Der Körper dieser Verstorbenen ist eines Tages aus Schwäche gestorben, obwohl die Leute physisch immer älter wurden. Die Medizin wurde immer besser, man konnte alle Organe drucken, was wirklich ein Segen war. Doch eines Tages macht der Körper trotz aller Fortschritte nicht mehr mit, aber das Gehirn mit all seinem Wissen und allen Erfahrungen bleibt uns heute erhalten. Natürlich kann jeder Mensch autonom entscheiden, ob er sein Gehirn digital konservieren lassen möchte oder nicht.

«Du Opa ...»

Lena kommt zu ihrem Papa und möchte ihn etwas fragen. «Du Papa, ich habe gehört, dass die Menschen um die Jahrtausendwende echt primitiv gelebt haben. Ist das so? Weisst du, ich muss das für einen Vortrag in meiner Projektgruppe wissen», sagt

Lena zu ihrem Vater. «Das ist jetzt wirklich lustig, Lena. Als ich ungefähr so alt war wie du, da habe ich ähnliche Fragen an meinen Opa, deinen Urgrossvater, gestellt. Er hat mir damals alles bereitwillig erklärt. Lassen wir es ihn doch tun. Frag doch ganz einfach deinen Ur-Opa in der Matrix», antwortet Luca.

Lena meint entzückt: «Ja, das mache ich gerne. Hallo, Ur-Opa, bist du da?» – «Hier bin ich, Lena», antwortet ihr Ur-Opa. «Was kann ich für dich tun?»

Die Konversation zwischen Lena und ihrem Ur-Opa können Sie sich bestimmt ausmalen. Stellen Sie sich einfach vor, Lena spricht mit Ur-Opa, einem echt aussehenden Hologramm.

Vielleicht erinnern Sie sich an den Film «Superman Returns» aus dem Jahre 2006 *(https://de.wikipedia.org/wiki/Superman_Returns)*. Supermans Vater, Jor-El vom Planeten Krypton, erscheint Superman, der ja als Baby (Kal-El) vom explodierenden Planeten Krypton fliehen musste und auf der Erde als Migrant landete. Es findet eine Diskussion ähnlich der von Lena mit ihrem Urgrossvater statt. Science-Fiction-Fans können sich das bestimmt sehr gut vorstellen.

Nachdem sich Lena und Ur-Opa ausgetauscht hatten, wollte auch Luca mit seinem Opa sprechen.

«Du Opa, demnächst gibt es für die Matrix ja ein grosses Release, das Millennial-Release. Ich habe gehört, dass dann die Matrix eine neue Farbe bekommt und die grüne Farbe ersetzt wird. Weisst du, welche Farbe das sein wird?», fragt Luca. «Das sage ich dir gerne, Luca. Die Matrix bekommt die Farbe, die unserem Zeitalter im Jahr 2050 am besten entspricht, nämlich türkis.»

7. Wir schreiben das Jahr 2050 – Das ist wirklich Science-Fiction

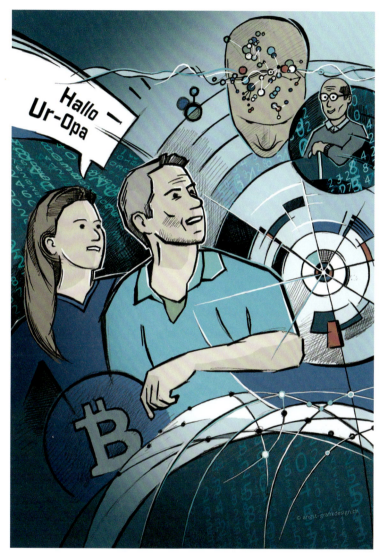

Abbildung 97: Wir schreiben das Jahr 2050: Lena und Luca mit Opa in der Matrix (Bildquelle: Patrick Angst Grafikdesign)

Was ist an diesem Buch anders?

Dieses Buch ist ein «work in progress». An den Inhalten arbeite ich ständig und lasse neue Erkenntnisse einfliessen. Beim gedruckten Buch lassen sich natürlich keine Änderungen oder Ergänzungen nachträglich anbringen. Darum unterhalte ich folgende digitale Kanäle:

- Website: *https://eugster.info/*

- Blog: *https://eugster.info/blog/*

- Newsletter: *https://eugster.info/newsletter/*

- LinkedIn: *https://www.linkedin.com/in/joergeugster/*

- XING: *https://www.xing.com/profile/Joerg_Eugster/*

- Twitter: *https://twitter.com/JoergEugster*

- Facebook: *https://www.facebook.com/joerg.eugster*

Ich wünsche Ihnen für Ihre digitale Zukunft alles Gute und viel Erfolg.

Jörg Eugster, Botschafter der digitalen Zukunft
Internetpionier, Internetunternehmer, Buchautor,
Keynote Speaker, Verwaltungsrat

Autor

Jörg Eugster

- Internetunternehmer aus Leidenschaft seit 1998
- Internetpionier
- Zukunftsbotschafter

www.eugster.info

Gründer
Jobwinner.ch und partnerwinner.ch (Verkauf an Tamedia AG 1999). Mitgründer swissfriends.ch (Verkauf an Edipresse SA 2008). Gründer weiterer Internetplattformen: topin.travel, swisswebcams.ch, webcams.travel, lookr.com, wifimaku.com.

Diverse Rollen
Betriebswirtschafter. Executive MBA. Keynote Speaker. Expert Member im Club 55. Verwaltungsrat im Technologie- und Medienbereich.

Buchautor
- «Wie fischt man Kunden aus dem Internet» (3 Auflagen 2004, 2007, 2009)
- Autor diverser Fachartikel (seit 2004)
- «Übermorgen – Eine Zeitreise in unsere digitale Zukunft» (2017)

Credits

Vielen Dank an folgende Personen, die für dieses Buch einen wertvollen Beitrag geleistet haben:

- Danke an meine Frau Blandy Amsler Eugster, die mich bei diesem Projekt unterstützt hat.

- Jürg Stuker für seinen inhaltlichen Beitrag

- Beat Arnet für seinen inhaltlichen Beitrag

- Pasquale de Sapio für die Unterstützung beim Buchcover

- Lukas Fässler für seine Rechtsauskunft und die Empfehlung von Martina Murer als Lektorin

- Martina Murer für die Lektoratsarbeit
  (http://www.mcommunications.ch)

- Patrick Angst für die drei Illustrationen in Kapitel 1 und 7.

- Göran Lindholm für die Bilder von Jörg Eugster
  (http://www.lindholmfoto.ch)

- Stojan Mihajlov für das Buchcover (über 99designs.com)

Credits

Folgende Personen haben das Buch in der Betaversion gelesen und mir Feedback gegeben (in der Reihenfolge des Eingangs der Rückmeldungen):

- Martina und Martin Dalla Vecchia
- Beat Arnet
- Heike Bauer
- Serge Mouttet
- Ludwig Lingg
- Noé Tondeur
- Tobias Treichler
- Jörg (Jimmy) Kaltenrieder
- Marco Giaquinto
- Barbara Gorsler
- Michael Zach
- Petra Burssens
- Ueli Weber
- Sven Häberlin
- Andreas Wisler
- Göran Lindholm
- Ivan Storchi
- Barbara Schatt
- Gabriela Szabo
- Patrick Eugster

Danke für folgende Aussagen der Betaleser/-innen:

Barbara Schatt:

«Normalerweise lese ich nicht so gerne Sachbücher. Die sind meist trocken und schwer verdaulich. Dein Buch ist hingegen wie ein Dessert: Es fängt mit einer guten Geschichte an, um dann in klare Aussagen und Hinweise überzugehen, und es lässt auch Platz zum Träumen.»

Serge Mouttet:

«Der gedankliche Ausflug in deinem Buch hat mir Spass gemacht und mich unheimlich inspiriert. Ich habe jedoch grosse Befürchtung, dass es von Personen gelesen wird, die eh schon auf dieser Linie sind. Diejenigen, die es notwendig hätten, sind nur schwer dafür zu gewinnen.»

Heike Bauer:

«Nochmals herzlichen Dank für ein wirklich gelungenes Buchkonzept. Es ist bereits jetzt spannend und informativ, aber mit der grossartigen Idee, es als ‹Open Book› herauszubringen, bin ich jetzt schon neugierig darauf, was ich dort in einem halben Jahr an neuen Beiträgen finden werde.»

Göran Lindholm:

«Gratuliere zu dem Buch! Heute Morgen wollte ich nur ein paar Kapitel lesen und dann die vielen Pendenzen erledigen. Doch der Inhalt hat mich so gepackt, dass ich nun den ganzen Tag das Buch mit nur kurzen Pausen durchgelesen habe. Dein Anspruch, dass dieses Buch Pflichtlektüre sein sollte, kann ich nur bestätigen!»

Ludwig Lingg:

«Ich bin begeistert, Jörg. Das Buch macht Lust auf die Zukunft. Ich finde, du hast nicht nur mit dem Buch, sondern auch mit der Online-Version eine riesige Fleissarbeit erledigt. Respekt. Da ich sehr zukunftsaffin bin, war ich natürlich sehr neugierig. Ich finde das schon sehr erstaunlich, was heute alles möglich ist. Ganz gut gefällt mir die Story am Anfang. Da machst du es mir als Leser leicht, in dein Zukunftsszenario einzusteigen. Du hast durch das ganze Buch immer wieder Begegnungen (Dialog mit Opa), kürzere Stories (Astronaut Barry Wilmore) und längere eingebaut. Toll.»

Dr. Beat Arnet:

«Gratulation zum Buch, das kommt gut und liest sich gut. Es liest sich flüssig, hat eine einfache und gut verständliche Sprache und ist nahe am Erleben.

Viele Beispiele hat ein durchschnittlich technophiler Manager schon gesehen, er kriegt sie hier aber gut gebündelt präsentiert. Das Buch regt zum Nachdenken an. Das ist meines Erachtens der grösste und wirklich sehr gute Nutzen!

Dass Du dich nicht als Zukunftsforscher bezeichnest, ist löblich und folgerichtig, denn die von Dir aufgezeigte Zukunft ist meist schon Gegenwart, zumindest im Prototypstadium.»

Jürg Jimmy Kaltenrieder:

«Ganz herzlichen Dank für deine Vorabversion. Ich habe sie mit sehr grossem Interesse gelesen und kann dir nur ein Kompliment aussprechen. Du hast sehr gut recherchiert und sehr gute Punkte thematisiert und nachvollziehbar aufgeführt.»

Tobias Treichler:

«Der grösste Nutzen für mich war, dass ich alle meine Fragen beantwortet bekam. Zu Beginn hatte ich mir ungefähr 30 Fragen notiert, die ich während des Lesens bis auf drei alle beantwortet bekam.»

Dr. Barbara Gorsler:

«Herzlichen Glückwunsch zu Deinem Buch!! Für mich als ‹digitaler Neandertaler› … will heissen, ich weiss gerade so viel über die digitale Nutzung, wie ich unbedingt brauche, um nicht gerade ‹rückschrittlich› zu sein … ist dieses Buch ein ‹VOLLTREFFER›!! … Warum? Weil es so verständlich ist und Spass macht, es zu lesen … ja fast süchtig macht, ich habe es fast ‹verschlungen›.»

Maria Petra Burssens:

«Erstmal ein frohes Neues und Glückwunsch zu deinem Buch. Ich habe es mit grosser Spannung gelesen. Die ersten 200 Seiten ohne Pause!»

Patrick Eugster:

Und zu guter Letzt mein Sohn Patrick, der der einzige Digital Native unter den Lesern ist:

«Habs an einem Nachmittag durchgelesen. Das sagt vermutlich schon vieles. Speziell das Kapitel Megatrends war sehr interessant geschrieben mit vielen Beispielen – auch wenn die meisten Beispiele für mich jetzt nicht ganz neu waren. Für alle Beispiele kann ich mir zudem gut vorstellen, dass sich diese bald mal durchsetzen. Hat also nichts, wo ich völlig anderer Meinung bin.»

Credits

Folgenden Firmen danke ich für die finanzielle Unterstützung dieses Buchprojektes mit einer Anzeigenschaltung:

- Business Innovation Week: www.kmu-zukunft.ch
- Davos Digital Forum: www.davosdigitalforum.ch

KMU 4.0
Die Zukunft beginnt heute

Werkplatz Zürich Oerlikon jeweils im Herbst

Grösste Schweizer Live-Convention für Innovation, Digitalisierung & neueste Technologien mit Future-Conference, Innovation-Expo und Academy.

Zukunftsweisende Themen, Trends und konkrete Antworten für Entrepreneurs, Change-Maker und die Leaders von morgen.

Veranstalter:
EMEX Managment GmbH
info@emexmanagement.ch
Tel. 044 366 61 11
www.kmu-zukunft.ch

DAVOS DIGITAL FORUM

www.davosdigitalforum.ch

Kongresszentrum
Promenade 95
7270 Davos

WORKSHOPS & KONFERENZ

DIGITAL VILLAGE & SMART CITY
Die ländlichen und alpinen Regionen der Schweiz stehen vor großen Herausforderungen. In unseren Workshops und Keynotes rund um das Thema «Digital Village & Smart City» zeigt unser Partnerland Estland, wie dort seit Jahren mit Hilfe der Digitalisierung eine innovative und lebendige Gemeinschaft entsteht

E-TOURISMUS & E-HEALTH
Wie kommen digitale Informations- und Kommunikationstechnologien zum Einsatz, die der Vorbeugung, Diagnose, Behandlung, Überwachung und Verwaltung im Gesundheitswesen dienen?

SHARING ECONOMY & NACHHALTIGKEIT
Teilen statt Besitzen: Durch die „Sharing Economy" werden Ressourcen geschont und die Umwelt geschützt. Tatsächlich hat die Sharing Economy grosses Potenzial, einen wichtigen Beitrag zum Umweltschutz zu leisten.

JEDES JAHR IM SEPTEMBER
Mit dem DAVOS DIGITAL FORUM setzen wir einen erneuten Meilenstein für die Digitalisierung in Berggebieten.

In dieser **Sekunde** verlieren Sie einen potenziellen **Kunden** an einen **Mitbewerber,**

...weil der die bessere Digital-Strategie hat als Sie.

Der Experte für Ihre Digital- und Internet-Strategie seit 1998.

Portrait Jörg Eugster

- Schweizer Internet-Pionier
- Gründer diverser Internetplattformen
- International gefragter Keynote Speaker (Referate auf Deutsch und Englisch)
- Bestsellerautor
  „Wie fischt man Kunden aus dem Internet"
  „Übermorgen – Eine Zeitreise in unsere digitale Zukunft"
- Verwaltungsrat

Leistungsangebot im Internet-Umfeld

- Verwaltungsratsmandate
- Referate und Keynotes
- Digitale Transformation
- Internet-Strategie
- Neue digitale Geschäftsmodelle

MIDAS EDITORIAL
Beratung. Konzeption. Realisation

Unsere Dienstleistungen für Firmen und Autoren

Buch-Coaching | Beratung und Konzeption von Buchprojekten
Corporate Publishing | Realisation von Firmenpublikationen
Branded Books | Sonderausgaben mit Firmenlogo
Digital Services | Erstellung von E-Books

Midas Verlag AG, Dunantstrasse 3, CH 8044 Zürich
Tel +41 44 242 61 02 | Fax +41 44 242 61 05
kontakt@midas.ch, socialmedia: midasverlag

Midas Büro Berlin:
Mommsenstrasse 43, D 10629 Berlin

The fine Art of Publishing

MIDAS MANAGEMENT
Unsere Buch-Highlights

je 144 Seiten, Hardcover, € 14.90
ISBN: 978-3-907100-18-9 (Denken)
ISBN: 978-3-907100-62-1 (Ideen)

Fragen Sie uns nach attraktiven Mengenrabatten und Firmenausgaben!

www.midas.ch

Ron Kellermann
Storytelling-Handbuch
320 Seiten, Hardcover, € 34.90
ISBN: 978-3-907100-89-9

Stéphane Etrillard
Unternehmer-Souveränität
240 Seiten, geb., € 29.80
ISBN: 978-3-907100-84-4

Michael Gerharz
Der AHA-Effekt
160 Seiten, Broschur, € 14.90
ISBN: 978-3-03876-502-8

Dominic Multerer
Man müsste mal ...
240 Seiten, geb., € 19.90
ISBN: 978-3-03876-513-4

Florian Rustler
Denkwerkzeuge
304 Seiten, geb., € 20.00
ISBN: 978-3-907100-81-3

Stefan Engeseth
Sharkonomics
176 Seiten, geb., € 19.90
ISBN: 978-3-03876-508-0